知识生产的原创基地
BASE FOR ORIGINAL CREATIVE CONTENT

颉腾商业
JIE TENG BUSINESS

涌现式变革

与复杂系统共舞

[美] 佩吉·霍尔曼（Peggy Holman）◎著
王宾（Bonnie Wang）◎译

ENGAGING EMERGENCE

TURNING UPHEAVAL INTO OPPORTUNITY

中国广播影视出版社

图书在版编目（CIP）数据

涌现式变革：与复杂系统共舞 / (美) 佩吉・霍尔曼 (Peggy Holman) 著；王宾译. -- 北京：中国广播影视出版社, 2023.1

书名原文: Engaging Emergence

ISBN 978-7-5043-8922-0

Ⅰ. ①涌… Ⅱ. ①佩… ②王… Ⅲ. ①社会变革—研究 Ⅳ. ①K02

中国版本图书馆CIP数据核字(2022)第210391号

涌现式变革：与复杂系统共舞

[美]佩吉・霍尔曼（Peggy Holman） 著

王 宾（Bonnie Wang） 译

策　　划 颉腾文化

责任编辑 王 萱 赵之鉴

责任校对 龚 晨

出版发行 中国广播影视出版社

电　　话 010-86093580 010-86093583

社　　址 北京市西城区真武庙二条 9 号

邮　　编 100045

网　　址 www.crtp.com.cn

电子信箱 crtp8@sina.com

经　　销 全国各地新华书店

印　　刷 北京市荣盛彩色印刷有限公司

开　　本 640 毫米 ×910 毫米 1/16

字　　数 197（千）字

印　　张 17.25

版　　次 2023 年 1 月第 1 版 2023 年 1 月第 1 次印刷

书　　号 ISBN 978-7-5043-8922-0

定　　价 79.00 元

致我的父母，

马文·凯斯勒（Marvin Kessler）和

埃塞尔·凯斯勒（Ethel Kessler）。

我的父亲说过："用好你的脑子。"

而我的母亲会加上一句："要跟随你的心。"

Praises | 本书赞誉

改变还是不改变，这不是问题！在一个复杂的快节奏世界里，唯一的问题是如何创造性地实现改变。佩吉·霍尔曼以一套根本原则和方法解锁这个复杂性挑战。遵循这些原则和方法，你的组织会蓬勃发展。忽视这些原则和方法，组织会萎靡不振。

——亨利·利普曼诺维奇（Henri Lipmanowicz）

神经丛研究所（Plexus Institute）董事会主席、默克公司前总裁

这本书真是太精彩了。佩吉·霍尔曼为所有人做了一件了不起的事——清晰而有效地规划了如何穿越我们这个时代的种种混乱，进入逐渐井然有序的境界，这是所有人都在寻求且必须实现的转变。

——琳恩·特威斯特（Lynne Twist）

《金钱的灵魂》（*The Soul of Money*）的作者、地球妈妈联合会（The Pachamama Alliance）联合创始人

自从《第五项修炼》（*The Fifth Discipline*）之后，我终于找到一本关于组织学习的书，把如此有力的洞见和如此有用的方法结合起来。

——特雷西·罗宾逊（Tracy Robinson）

西雅图中心基金会（Seattle Center Foundation）执行董事

佩吉·霍尔曼的这本书见解深刻，适时问世，帮助我们理解一些深层次的动力和原则，这些动力和原则在我们以建设性的方式与涌现共舞时会发挥作用——使意想不到的洞见和集体智慧在我们中间产生。我强烈推荐这本书给所有希望了解与团体和组织合作有哪些新方式的人。

——朱安妮塔·布朗（Juanita Brown）

世界咖啡（The World Café）联合创始人

如果说玛格丽特·惠特利（Margaret Wheatley）的《领导力与新科学》（*Leadership and the New Science*）打开了我们的视野，让我们看到当代领导力的新现状——充满不确定性和复杂性，那么眼前这本书则将这些现实转变为实用的方法。我预测在未来很长一段时间内，“我们如何处理这么大的复杂性”这个问题的标准答复将会是“阅读《**涌现式变革**》（*Engaging Emergence*）这本书”，其中有你正在寻找的答案。

——霍尔格·诺海默（Holger Nauheimer）

变革管理工具书（Change Management Toolbook）

社区的创建者和主持人

佩吉·霍尔曼的研究提出了很有说服力的一个观点，即任何公司或集团成功转型的关键是帮助员工和股东找到一种主人翁的感觉，并对即将席卷而来的变革保持乐观态度。如果管理者们希望帮助员工和利益相关者建立更好的机制以应对变化，并乐观地看待变化，就应该收藏这本书。

——克里斯·佩克（Chris Peck）

《孟菲斯商业诉求报》（*Memphis Commercial Appeal*）编辑

佩吉·霍尔曼触及了一个关于进化的重要真理，我们今天可以在自己的生活、工作和世界中应用这个真理：干扰告诉我们，有些新生事物需要浮出水面。我们越是发挥创意与干扰共舞，就越有可能收获它带给我们的累累硕果。这本书告诉我们如何精心对待各种干扰，取得突破。

——汤姆·阿特利（Tom Atlee）

群智研究所（Co-Intelligence Institute）创始人

佩吉·霍尔曼踏上了21世纪摇摇晃晃的地面，找到了意义，在我们面临的不确定性中创造了稳定性，让我们相信，连贯性就在某处，等待我们去发现。做好准备跨出一大步吧！

——杰夫·贝尔曼（Geoff Bellman）

顾问、《非凡群体》（*Extraordinary Groups*）的合著者

谢谢你，佩吉·霍尔曼，用这本书来扰乱我们。它既发人深省，又令人信服——帮助人们更深入地理解当今面临的一些难题，而且指出了一些简单的方法，这些方法能够让人们发现充满活力而且适合自己的解决方案。

——桑德拉·简诺夫（Sandra Janoff）

未来探索网络（Future Search Network）的联合创始人

佩吉·霍尔曼是一位在思想和应用的进化前沿工作的理论家。她用清晰的语言描述了变革领域正在我们身边生成的一些过程、方法。我们感谢她丰富的经验、人脉和智慧。

——克里斯蒂娜·鲍德温（Christina Baldwin）

和安·林内亚（Ann Linnea）

《圆圈方法》（*The Circle Way*）的作者

佩吉·霍尔曼带领我们踏上了一个旅程，深入探索工作中创造力的核心。她的故事、插图和关键理念指导我们如何邀请、跟随、引导和受益于各种引发涌现式变革的流程。读读这本书吧，并享受阅读过程中发生的事情！

——戴安娜·惠特尼博士（Diana Whitney）

《欣赏式领导力》（*Appreciative Leadership*）和《欣赏式探询的威力》（*The Power of Appreciative Inquiry*）的合著者

佩吉·霍尔曼的这本指导手册能够催生集体智能和智慧共创，写得很好，非常精彩，而且时机刚好。若要成功引领人类在 21 世纪步入成熟的必经之路，这本书是一份至关重要的地图。

——迈克尔·多德（Michael Dowd）

《以进化之名感谢上帝》（*Thank God for Evolution*）一书的作者，获得了6位诺贝尔奖得主的认可

在一个呈指数级变化的时代，“变革管理”充其量是让人觉得怪里怪气，而且很可能注定要失败。计划会被打乱，预期会被彻底颠覆。如果从现在开始，干扰将成为我们的舞伴，本书中的工具和原则就成了重要的安全手册，还为我们指明了一条路径，通往一个激动人心的境界。

——薇姬·罗宾（Vicki Robin）

《要钱还是要生活》（*Your Money or Your Life*）的合著者

涌现式变革这个领域初露端倪，它影响着你的生活和工作，也影响着整个世界，而且一直处于无影无形的状态。佩吉·霍尔曼的书帮你认识涌现式变革的特质，收获与涌现共舞的生动体验，还得到一些实用的杠杆，可以让涌现变得更有威力、更有价值。关于“涌现式变革”这个主题，这本书是最权威的工具。

——马丁·鲁特（Martin Rutte）

《纽约时报》畅销书《职场心灵鸡汤》（*Chicken Soup for the Soul at Work*）的合著者，灵性与工作场所中心（The Center for Spirituality and the Workplace）董事会主席

Preface | 前言

真正的发现之旅不在于寻找新大陆，而在于用新的眼光去看见。

——《追忆似水年华》(*Remembrance of Things Past*)

法国作家马赛尔·普鲁斯特（Marcel Proust）

阿尔伯特·爱因斯坦说过一句著名的话："我们无法以现在的思维水平解决现在面临的问题。"这样的事情太常见了，我们使用老套的变革策略去处理复杂的问题，结果往往令人沮丧。幸运的是，涌现式变革，一种自然发生的变革模式，给我们提供了另一种选择。如果选择涌现式变革，我们开展变革的能力会随之达到一个新的水平。简而言之，涌现式变革就是乱中生序。

本书探讨的是如何开展涌现式变革。既然其他人已经探讨过涌现是什么，本书也会关注如何与涌现共舞，帮你做好准备，面对各种干扰，并邀请你的同事或家人一起开创新的可能。为了帮助你找到适合自己的方式，我描述了一种基本的变革**模式**，然后提供了开展涌现式变革的各种**做法**、**原则**和**问题**。

作为开展涌现式变革的创意伙伴，我们可以乘风破浪进入各种组织、各个社区，进入一个更有活力、更健康、更令人向往的世界。我们对涌现式变革了解得越多，涌现式变革就开展得越多，就越有可能看到这样的结果，比如创造性地实现突破，而不是陷入僵局或做出谁都不喜欢的妥协。

本书适合你吗

在工作或生活的某些方面，你是否正面临剧变、干扰、失调？如果是这样的，你就可以和汽车制造商、学校教师、银行家、电子产品生产商、信息技术专业人士、新闻工作者以及其他失业人士或经历过行业衰退的人们做伴了。你是否注意到，我们之间在能力、文化和志向方面的多样性是多么丰富；你是否想过，相比于各自单打独斗，我们在一起怎样才能变得更强大。

虽然不断挣扎或面临崩溃，但是如果你仍希望获得勇气、希望和信心或仍对勇气、希望和信心心怀向往，这本书将给你提供一条路径，通向更光明的未来。

- 本书中既有各种引人入胜的想法，也有很多强有力的行动，支持你应对不确定性、剧变、失调和变化。
- 本书支持各类领导者，无论是正式还是非正式的领导者（包括管理者、政府官员、社区领袖、意见领袖、变革实践者、积极分子和各种变革驱动者），都要面临各种复杂而重要的议题，需要寻求有创意的解决方案。

- 本书洞察到剧变在我们大多数人的智力、情感、身体和精神方面造成的冲击，以期唤起我们对自己和他人的仁慈之心。
- 本书提供了一个框架，帮助我们理解，许多人正在体验的那种颠覆感是由哪些更大的力量造成的。
- 本书提供了一些个人和群体可以操作的方法，用来创造性地应对破坏性事件。
- 本书关注的是，需要什么来对我们自己和我们的系统进行明智的更新，当我们接受一些以前不可能接受的事情时，哪些有可持续价值的东西需要保留。

无论你是想要一幅地图，还是更喜欢专注于某个领域自己能做的事情，或者是在未知领域中蓬勃发展，又或许喜欢在两方面都有所尝试，本书都希望帮助你从容应对各种变化和破坏性事件。本书从现实的视角探讨了**涌现式复杂性**（emergent complexity）的变化原理——一个系统在自组织运作过程中的多样性、联通性、互赖性和互动性不断增加，并通过生活中发生的很多关于涌现式变革的故事演绎了这个抽象但有用的想法。总之，本书将指导我们如何面对未知。

如何发展出与涌现共舞的想法

所有变革都始于打破现状。因此，我当然也是从混乱中开始探索对涌现的理解。1989 年，我在一家手机公司负责管理软件开发项目。一个重大项目岌岌可危，因为这个项目几乎涉及公司的每个部门，所以对如何扭转局面，大家各执己见。公司聘请了一位全面质量管理方面的专家（全面质量管理是关于如何提高效率和效能的一套工具、流程和方法）。那位专家主持了一个会议，参会者是30位与该项目有利害关系的工作人员。这次会议让我大为震惊！在做软件项目管理的17年中，我从未见过如此多的观点这么迅速地汇聚成一个既清晰又聚焦的方向和行动计划。那是我第一次体验到：各种互动让人们陷入混乱、发生分化，又凝聚起来。现在看来，我认为这是一种基本的变革模式。

可以说，那次会议改变了我的一生。我开始负责信息技术团队的全面质量管理工作，并致力于发现如何改变这家组织。我们引入了新的学科，如流程改善、团队合作和评估。在接下来的三年中，该团队完成了自我重塑，各项指标均成为同类最佳。我以为我知道自己在做什么，紧接着我就遭遇了惨败。混乱——我永远的盟友，为我打开了深入学习的大门。这件事意味着我要对自己、对他人更有仁慈之心。

1993年，我接手一份研究学习型组织的工作，在美国西部通信公司（一家拥有6万名员工的电话公司）应用我发现的东西。那时候的工作可真有趣。我遇到各种奇奇怪怪的变革流程：欣赏式探询、未来探索、伯姆对话，还有很多其他流程，可以创造性地让一个系统中的人都参与进来，进行各种重大突破。在我第一次体验其中一种流程（开放空间技术）时，我目睹了一些本以为不可能发生的事情。我看到原本愤怒的工会技术人员和公司管理人员聚在一起，探讨让员工个人和公司都能蓬勃发展的解决方案。这些事情让我欲罢不能。

我加入一个新兴的实践领域，当时那个领域还没有名字。我们这些实践者开始联系彼此，使用“邮件列表服务”（又名邮件讨论组）这个新型社交技术互相提问，分享交流实践中发生的事情。在世界范围内，许多充满活力的实践社群围绕不同的变革流程相互连接。牢固的友谊和学习伙伴是受欢迎的副产品。

美国西部通信公司的工作需要我经常出差，我因此疲惫不堪，于是我离开美国西部通信公司，加入一家林业产品公司，担任信息技术部门的质量总监。这里成了我的沃土，我尝试所学的一切，在此过程中既有艰辛，也有成就。两年半后，我更有能力面对未知，便选择离开这家公司，一个人单干。单打独斗的生活令人心怀恐惧，也让人心潮澎湃。一项早期的成就就是我与汤姆·德凡恩（Tom Devane）合著的《**变革手册**》（*The Change Handbook*）。书中包含了带动整个系统参与变革的 18 种方法。通过编写这本书，我试图理解这些形形色色的变革流程如何奏效。

这本书出版之后，我继续通过实践和研究深入了解这个方面。在与各种企业、非营利组织、政府机构和社区合作时，我会使用一些流程——现在我称之为**涌现式变革的流程**，这些流程让系统中的所有人参与各种既聚焦又开放的互动活动。在人们的思维和行为方面，这些方法促成了很多意外而持久的转变。我持续关注复杂性、自组织、混沌理论和涌现领域的科学文献。

我也深入体验各种活动，希望能够找到这些结局保持开放的非线性流程方法生效的原因。这些体验让我在面对破坏性事件时更有能力保持镇定。因此，我能够更好地支持他人与涌现共舞。因为我在试图揭示这些方法的深层模式，这方面的探索指引着我，所以我自己的故事也变得更开放，更加非线性。①

因为这项研究不是一个人可以完成的，我从 1993 年就加入了一个松散的朋友圈，圈里的朋友是我通过开放空间技术（Open Space Technology）认识的——开放空间技术是一种引导涌现式变革的方法，邀请人们围绕自己喜欢的东西形成自组织，解决复杂而重要的议题（请参阅书后“涌现式变革流程方法概览”中对开放空间技术的描述）。围绕一些宏大的社会议题，我们一起召开了一系列开放空间会议。例如，2003 年的“和平行动”（The Practice of Peace），130 位参会者来自 26 个国家和地区，包括北爱尔兰、尼日利亚、布隆迪、波黑和海地等发生剧烈冲突的地方。这样的集会为创造性实验提供了自由空间，而这样的实验在一般的组织环境中几乎不可能实施。这些集会也有助于我理解，一旦各种部门的边界被打通，组织需要各种沟通和管理的基础设施，才能实现组织内的加速行动。

1999 年，在洛杉矶犹太社区中心（Jewish Community Center）发生令人震惊的种族枪击事件之后，我与三名记者共同创立了“重要新闻”（Journalism That Matters，JTM）。我希望自己在涌现式变革流程方面的知识能够帮助人们讲述有利于社区和社会建设的故事。本书中的许多故事都来自 JTM。这个行业一直是与涌现共舞的学习实验室，让人们看到一个行业在经历死亡和重生时的痛苦与兴奋。

---

① 我的模式概念来自 Christopher Alexander。Christopher Alexander，*The Timeless Way of Building*（《建筑的永恒之道》），New York：Oxford University Press，1979；Christopher Alexander，Sara Ishikawa and Murray Silverstein，*A Pattern Language*：*Towns*，*Buildings*，*Construction*（《建筑模式语言：城镇·建筑·构造》），New York：Oxford University Press，1977。

2004年，我应邀参加一个关于涌现式变革的集会，这次经历让我在理解涌现式变革流程方法的深层模式方面又向前迈进了一步。社会哲学家汤姆·阿特利和“进化传道者”迈克尔·多德（关于迈克尔和进化传道者的内容，详见第7章）正在筹划一个“进化沙龙”。

科学家、精神领袖和社会活动家济济一堂，探讨有进化意义的涌现会对人类系统产生什么样的影响。汤姆请我帮忙主持会议。看到活动的标题上有“涌现”二字，我怎能抗拒他的邀请呢？四次进化沙龙之后，凯洛格基金会（W. K. Kellogg Foundation）赞助了资金，汤姆和我开发出来一个以互动的作用为中心的进化模型。[①] 这个模型完善了我对涌现的理解，帮助我将涌现式变革与自己的变革实践活动联系起来。

这本书将涌现与变革实践联系起来。2007年，我和斯蒂文·卡迪（Steven Cady）、汤姆·德凡恩出版了《变革手册》（第2版），当时便种下了这本书的种子。那时候，由于这个领域迎来了爆发式发展，这一版《变革手册》收录了60多种方法。但是这本书的容量让我感到不安，说明该书没有揭示某些更本质的东西。这就让我有了动力，希望揭示到底这些流程方法何以奏效。而本书融汇了我为这个问题找到的答案。这些流程方法之所以奏效，是因为这些流程方法可以帮助我们带着仁慈之心、充满创意和智慧地实现与涌现共舞。

回顾过去的20年光阴，我发现破坏（disturbance）、分化（differentiation）和连贯性（coherence）如何塑造了我的生活。和您分享这些想法，是希望我们能够一起将其大规模落地。在我们当中，如果有更多人知道

---

① Peggy Holman and Tom Atlee, “Evolutionary Dynamics and Social Systems”, *Integral Leadership Review* VIII, no. 2 (March 2008).

如何让发生冲突的不同群体走到一起，创造性地汇聚和产出很多富有创意和智慧的成果，想想会带来什么样的可能性！

“重要新闻”简介

由于本书收录了许多“重要新闻”的故事，所以这里提供一些该活动的背景信息。

“重要新闻”通过召集、联结和鼓舞各界先锋人士来促进创新。这些先锋人士正在塑造新兴的新闻与信息生态圈。

“重要新闻”的运作原则

- 建设既丰富多彩又不断发展的新闻生态系统，其中既有来自印刷和传统媒体领域的人，也有新媒体领域的编辑、记者、博主、读者、观众、改革者、教育工作者和学生等。
- 创造一个空间——暴风雨中的一片宁静港湾，在这个空间里人们邂逅彼此，针对各种重要议题展开对话。
- 应对未知，探讨一个国家中新闻和信息行业的最新发展。

截至2010年，我们合作主办了14次大会，与会人数超过1000人。作为每次大会的主要环节，参会者会在一两天的时间里，利用开放空间技术自行设计会议议程。

在这些会议上产生了无数具有开创性的倡议。传统媒体从业者看到了希望，新媒体人收获了友谊和灵感。随着服务公众利益的创业型新闻文化的发展，一个新闻行业先锋者社群正在形成。当社群成员预见未来，并发现自己是创造未来的一员时，希望、灵感和兴奋便油然而生。

Executive Summary | 内容提要

《涌现式变革：与复杂系统共舞》将充满动荡的剧变转变成一条前途光明的变革之路。本书提供了一种充满希望地看待干扰的方式，提出了诸多方法、原则和方向性的问题，引领你在混沌境地步步为营。

引言部分描述了变革的一种基本模式，将涌现与其他形式的变革联系起来，阐述了与涌现共舞的重要性，并揭示了涌现式变革的诸多益处。

第一部分聚焦于如何理解涌现。其中包含第 1 章和第 2 章。第 1 章给出了“涌现”这个术语的定义，回顾了涌现的发展史，并描述了涌现的各种特点。因为涌现带给人的感觉并不总是美好而轻松的，第 2 章指出了涌现具有哪些特质，让人们在与涌现共处时心情复杂。

第二部分的重点是采取行动。其中包含第 3~7 章。第 3 章阐述了与涌现共舞的一种最关键的方法。考虑到与涌现共舞需要人们有效应对破坏性事件，第 4 章涵盖了三种实用的方法：拥抱神秘、选择可能性以及追随生命能量。第 5 章阐述了如何塑造富有成效且充满创意的环境：聚焦意图、表达欢迎和邀请多样性，以此来帮助你吸引他人参与。第 6 章介绍了各种互动的方法：欣赏式探询、开放与反观。因为涌现式变革往往不会立竿见影，第 7 章探讨了随着时间的推移，涌现式变革、稳定的状态、渐进式改变如何展开；这一章也回答了人们经常会问的一个问题："我们如何让变革成果长久有效？"这些方法不仅本身是很有用的，还是与涌现共舞的系统的一部分。

第三部分包含第 8~12 章，分别探讨了五项原则：欢迎干扰、敢为先锋、鼓励随机邂逅、寻求意义和简化。我为每项原则写了一章，内容来源于自己在工作中应用各种涌现式变革流程的实践，并结合了对涌现的研究。

第四部分是涌现式变革系统的最后一部分，涉及第 13~15 章。这部分对应之前提到的变革模式——干扰、分化和连贯性，提供了一个引领人们与涌现共舞的视角。第 13 章说明了我们为什么想要破而后立，也阐明了带着仁慈之心进行破坏的诸多益处。

为了颠覆我们对创造性地吸引他人参与的看法，第 14 章建议行动要出于自己的热情，这有悖于大多数人受到的关于自私和服务的教育。既然我们已经开放地接纳了创造性参与，第 15 章则来反思什么会激发智慧。

第二部分到第四部分中介绍的方法、原则和问题，共同形成了一个与涌现共舞的系统。关于系统的好消息是：因为系统的各个部分都是相互关联的，所以无论从哪里开始，都会引起其他部分的变化。不同的部分会相互强化，增强我们对与涌现共舞的整体理解和实施能力。

基于这样的理解，“尾声：现在有什么可能”便开始展望，随着越来越多的人开展涌现式变革，可能会发生什么。

本书的结尾附有“要点总结”，描述了书中提及的各种涌现式变革的流程方法。

阅读本书时，考虑一下你可能如何与涌现共舞，来应对自己面临的各种干扰。如果团结一心，我们可以在家庭、邻里、社区、组织和其他诸如医护、教育、经济和政府这样的社会体系中获得广泛支持，展现出更强的适应力，从而将动荡转化为产生创新成果的机遇。

Contents | 目录

第四部分　与涌现共舞的三个问题

引言

从混沌到连贯性

生活就是虽然不知道接下来会发生什么，充满未知，也不得不做出改变，把握当下，充分利用当下。

——电影《总是有事》(*It' s Always Something*)，

美国喜剧演员格尔达·赖德娜（Gilda Radner）主演

变革往往始于破坏。不管起因是一桩小事，如一次食言，还是一件大事，如一场席卷整个城市的飓风，突如其来的干扰都会打破现状。我们可能会发现这样的干扰是积极的，如获得升职、减肥成功、新生儿的诞生。我们也可能心怀恐惧地体验这样的干扰，如遭遇失业、丢了合同、亲友离世。不管什么样的破坏性事件，只要其令人不安，就可能引发改变。

破坏、干扰、紧张、剧变、不和谐、混乱……这样的状况让我们压力重重，经常会挑战我们合作实现共享目标的能力。虽然有些破坏性事件会更加极端，如某些剧变和混乱状况，但都能激发变革。尽管我们通常对这些状况持消极态度，但是如果和这些压力源发展积极的关系，就是与涌现共舞的一个关键性转变。其实，心怀仁慈地打破陈规，是一种实现与涌现共舞特别有效的方法。

我们大多数人都会回避紧张和干扰，试图规避、控制或摧毁各种紧张和干扰。因为我们不想惹事，所以有些时候我们会选择把愤怒藏在心里。虽然这样做会让我们产生疏离感，但秩序得以维护。我们学会了看到这些隔离区就绕弯躲过，有时甚至忘记了它们的存在。然而，紧张和干扰通常会随着时间的推移而变得愈加严重。疏远、僵化、贪婪、偏狭、不作为或暴力现象也越来越多。我们当前遭遇的许多危机事件都表现出这些特点。

如果紧张激发了好奇心，会发生什么呢？ 如果我们知道如何表达愤怒、恐惧或悲伤，从而使其对一些美好的事情有所助益呢？本篇引言描述了一种变革的基本模式，作为应对破坏性事件的指南；探讨了干扰如何让一些有助于产生连贯秩序的差异浮出水面；把涌现式变革和其他形式的变革放在一起，来阐明与涌现共舞在什么时候是有意义的；探讨了为什么与涌现共舞很重要。引言最后罗列了与涌现共舞的诸多益处。

一种变革的模式

变革是如何发生的？无论变革是关乎人类、宇宙、地质还是生物，变革的某些方面都是可预测的。通过了解这些可预测的方面，我们可以更好地进行变革。每个系统都包含以下内容：

- **对连贯性的追求。**关系、统一、联结、合一和凝聚这几者汇集在一起，即融合。就像原子组成分子，人们加入不同的社区，或者我们渴望贡献于超出个人利益的更大集体。
- **偶尔的破坏。**打破现状的一些事情，各种出人意料的行动都是干扰。想想各种自然灾害、那些愤怒的抗议者、工作政策或法律法规方面的诸多变化。
- **分化的驱动力。**发生分离、成为个体、脱颖而出和独特既是一种分裂，也是分化。想想青少年为了发现自我而与父母分开，同事离职去从事自由职业，或者我们渴望别人接受自己本来的样子。

这些力量不断地相互作用、相互影响。大自然一遍又一遍地演绎着这种模式。例如，一个新物种的出现扰乱了现有的生态系统，决定了谁存活下来，谁走向灭绝，最终达到一种新的连贯状态。人类系统中也在发生同样的变化。一个很贴切的例子就是：写作本书的过程就是一个不断发生破坏、分化并达到连贯性的起伏过程。

这本书的种子在我心里已经好多年了。《变革手册》（第2版）的篇幅让我感到不安。我们分类、整理、记录新方法的速度已经赶不上人们创造新方法的速度了。有些更深层的事情正在发生，我想弄明白那些更深层的事情，写作动力由此而生，我希望看到不同的观点浮出水面。终于，你手里这本书的大纲成形了。我的写作过程一帆风顺。因为内容很清楚，我按时间表写就好了。当然，有时我会在沉思中发现一个和大纲很匹配的新点子。写书的工作进行得“稳稳当当”。

第一稿写得很顺利，但我自己遇到了问题。当我正要开始写第二部分时，却发现自己的头很痛，无法集中注意力。硬着头皮写了一阵子，我感到筋疲力尽，看着手头的素材而毫无灵感。那时候我突然意识到：我与干扰撞了个满怀！我记得变革的模式。内心平静地应对我的挫折，我接纳了这份干扰，并尝试各种想法，直到某种东西又连贯起来。我意识到，这个第二部分是不存在的。于是，书变得简单了，我又开始写作。

如此完成的草稿就摆在读者面前。我把草稿发布在博客上，收到了许多人的反馈。在各种读者反馈里，我寻找差异和相似之处。主题逐渐清晰起来。我制订了修改计划，包括添加一些故事和实操经验。我制订了一个大纲，便着手写起来。每个章节变得更长了。太长了，草稿的长度说明了这一点，我感觉思维停滞了。更糟糕的是，我的编辑发现草稿内容的组织方式让人不明所以。这一次，我在感到头疼之前就明白了：欢迎干扰。我尝试了不同的策略：我可以删除什么？把材料拆分成更多的章节就不会让人感到糊涂吗？ 我可以使用不同的视觉呈现方式吗？ 因为不同的选择各有利弊，所以我不断关注草稿本身要告诉我什么，倾听有什么会涌现出来。编辑给了我非常好的指导，我终于实现了一个突破：用线性的方式讲述一个非线性的故事。于是我就这么做了。

在大多数情况下，写作、回顾、编辑和修改，我体验到的是一种稳定的状态。有时候，有些差异会导致渐进式改变，比如添加或删除一个章节。偶尔有几次，当草稿的内容、结构又变得四分五裂时，我感觉要绝望了。最终，一个连贯性更好的新秩序形成了。稳态干扰、渐进式改变、涌现式变革——了解这些变革发生的不同方式，会支持我们更有效地应对破坏性事件。

变革的形式

虽然变革往往始于破坏，但并非所有的变革都是涌现式变革。本书着眼于涌现式变革，是因为人们对涌现式变革了解得最少，需要更有效的方法来开展涌现式变革。了解涌现式变革如何与其他形式的变革发生关系，为我们提供了一个新的视角，不仅能帮助我们了解为什么我们正在遭遇更多、更强烈的破坏性事件，还能帮助我们辨别什么时候需要与涌现共舞。不管我们是否选择与涌现共舞，涌现式变革都会发生。通过开展涌现式变革，我们就更有可能少遭遇一些破坏性事件，收获更多理想成果。就形式而言，我把变革分为以下三种。

- **稳态干扰。**人们在现有情况下处理干扰，做些修修补补，也可能忽略或抑制破坏，使一切基本照常。例如，一名飞车党因为超速驾驶被开了一张罚单。
- **渐进式改变。**破坏性事件打破了现状。我们发现干扰给系统带来一些影响，并着手整合各种变化，如修订宪法。
- **涌现式变革。**保持系统有序的原则发生崩溃，会偶尔造成动荡的剧变。混乱引发了各种实验。当下的假设得到澄清，新的可能性便会浮出水面。最终，有些东西会消亡，新的连贯性形成，既包含了新事物的一些方面，也包含了旧事物的一些方面，而不是非此即彼。例如，一场革命导致国家改变了治理形式。

今天的很多焦虑来自要对所有的破坏性事件进行处理，好像它们会适应一种稳定的情境，或者至少可以通过渐进式改变来管理它们。经济动荡、不太令人满意的学校教育、突如其来的恐怖主义，所有这些都表明，有些更大的力量在发挥作用。

不与涌现共舞的后果

我们目前处理破坏性事件的大多数策略都能很好地维护一个稳定的系统，或者管理渐进式的改变。让我们从目前所处的位置转移到一个既定目的地，这些策略是很棒的。如果干扰的根源变得更复杂，往往伴随着激烈的情绪反应，而我们处理这些干扰的方式就好像在修一辆破车，情况只会变得更糟。

通过划定身体上或心理上的边界，我们可以维护自己对连贯性的感觉。我们保护自己社区或组织内的人，而不让“其他人”（我们心目中的异类）进来。有围栏的社区和安保系统在世界各地的数量不断增加。因为我们要用安全措施来保证自己的安全，所以乘飞机旅行和移民变得比以前难多了。

当我们的生活方式看似遭遇威胁时，这些方法都是自然反应，但这些方法也让我们陷入孤立状态。如果有人持不同观点，我们最好别让他进来。美国记者利明璋（Bill Bishop）的《大排序》（*The Big Sort*）记录了过去 30 年里美国人如何将自己划归为同质社群。

我们选择与自己的信仰最契合的社区、教堂和新闻节目。[1]

即使我们怀疑自己所属的“部落”在某件事上的立场有问题，也会因为害怕被排斥而选择保持沉默。我们把想法藏在心里，结果感到更孤独。后果是：我们因分歧而自我隔离，缩进一种僵化的防御姿态里。与之相反的是，与涌现共舞会借由我们之间的差异而让我们聚在一起，打开自我，参与共创。

越来越多的人在面临各种复杂的挑战时，不知道如何应对。我们所在的组织、社区、家庭甚至我们自己，由于面临冲突和挑战而产生越来越强的紧迫感，这份紧迫感让我们有些人感觉被卡住或不知所措。有些人选择太多，可是既没时间也没能力辨别不同的选择；而其他人根本别无选择。熟悉的策略把我们带进死胡同，于是许多人希望另寻出路。各种破坏性事件将继续爆发，造成越来越大的破坏，直到我们开始与涌现共舞。

以一个正在发生剧变的行业为例：报纸行业。这个行业的读者数量几十年来持续下降，即使报业高管们承认需要实现彻底的转变，他们仍然继续使用老一套的策略来应对变化。历史悠久的行业杂志《编辑与出版人》(*Editor and Publisher*) 2008 年发表了一篇文章，清晰描述了这个具有讽刺意味的悲剧：尽管我们可能知道自己需要改变，但经常不知道如何改变。

“转身面对变化——当报业陷入危机，‘真相大白’”——这是该文章提出的告诫。[2] 文末写的是：“如果这是一场影响深远的

---

① Bill Bishop, *The Big Sort: Why the Clustering of Like-Minded America Is Tearing Us Apart* (New York: Houghton Mifflin Harcourt, 2008).

② Mark Fitzgerald and Jennifer Saba, “Special Report: Turn and Face the Change—With Newspaper Industry in Crisis, ‘Everything’s on the Table’”, *Editor and Publisher* (August 2008).

危机，我们就必须做一些影响深远的思考，而且必须是颠覆性的思考。”

然而，这篇文章中最创新的想法显然也只是在小打小闹：减少印刷频次。2009年，世界经济举步维艰，经济下滑把难题变成了灾难。约1.5万名报业人士失业，[①] 100多家报社倒闭，这其中包括有150年历史的《落基山新闻报》（*Rocky Mountain News*）[②]。虽然经济下滑是可以预见的，但几乎每家报纸都选择了让自己销声匿迹而不是开展新的尝试。最具讽刺意味的是，《编辑与出版人》杂志在2009年12月也未能幸免，最终倒闭了。

并非只有报业高管在如何应变方面苦苦挣扎。在《要么改变，要么死亡：在工作和生活中让改变发生的三个关键》（*Change or Die：The Three Keys to Change at Work and in Life*）一书中，艾伦·德科曼（Alan Deutschman）引用专家之言指出，造成健康危机的根本原因几十年来从未改变，[③] 然而，医疗机构还是不知道该怎么办。个体在面临破坏性事件时也会抵制变革。德科曼提到了一项研究，该研究针对的场景是在改变和死亡之间二选一。参加研究的人是一些患者，他们面临搭桥手术或身患其他疾病，如果改变生活方式，他们的病情就可以缓解。即使我们知道自己必须做出改变，90%的人还是不会改变自己的行为来适应新的环境。我们宁可选择死亡也不选择调适。

---

① Erica Smith，“14，783+ jobs：2009 layoffs and buyouts at U.S. newspapers”，Paper Cuts，http：//newspaperlayoffs.com/maps/2009-layoffs（accessed April 17，2010）.

② Erica Smith，“Newspapers that have closed or stopped publishing a newsprint edition”，Paper Cuts，http：//newspaperlayoffs.com/maps/closed（accessed April 17，2010）.

③ Alan Deutschman，*Change or Die*：*The Three Keys to Change at Work and in Life*（New York：HarperBusiness，2007）.

其他 10% 的人

本着化剧变为机遇的精神，那 10% 选择调适策略的案例揭示了什么？德科曼书中提及的研究人员给出了这样的答案：人们找到了鼓舞人心的友谊，将灾难变成可能性，并不断练习。他们没有开展渐进式改变，如这里或那里改变一种习惯，而是投身于涌现式变革，重新定义了对其自我形象和行动有指导意义的基本假设。而且，他们不是孤身奋战。

下表比较了关于变革的传统观点和支持涌现式变革的观点。这个列表源于我应用各种涌现式变革方法的实践。了解这些观点的差异，会帮助我们在应对变化时做出更明智的选择。

关于变革的传统观点	支持涌现式变革的观点
把差异和失调当成问题	把多样化和失调当成资源，带着问题邀请探索
限制、抗拒干扰	欢迎干扰，在与秩序创意共舞过程中利用干扰
关注可预测、可控制的方面	基于我们所知，关注未知之处
确保不会发生让人惊讶的事情	做实验，从令人惊讶的事情中受益
关注结果	关注意图；轻松对待结果
关注形式（form）及其稳定性	关注预期功能，随着形式的形成与消散，顺势而为
层级结构	网络结构，包含自然形成的层级，而且这些层级往往是流动易变的
愿景式领导力 自上而下或者自下而上	共享式领导力，逐渐生成，而且是灵活多变、多方向的
单兵作战	既可以在社区里与人协作，也可以单兵作战，发挥每个人的独特天赋
关注主流人群	关注主流人群与不同边缘人群的互动

续表

关于变革的传统观点	支持涌现式变革的观点
建设 / 建构 / 管理	邀请 / 开放 / 支持
按照计划执行 生产制造	追随能量的流动，视计划为有用的信息 催生新事物，并对其进行培育，使其不断发展
把不同的部分组合起来 设计各种流程	不同的部分之间发生互动，形成一个新鲜的整体 设计流程，并培育有营养的环境
处理后勤事务 努力达成可持续性	培育让人宾至如归的各种条件，包括处理后勤事务 可持续性存在于各种张力的动态之舞中
渐进式改变	阶段性的飞跃和渐进式改变
运用古典音乐的技巧	运用能支持爵士乐和即兴音乐的古典音乐技巧
宣布 / 主张	探询 / 探索，把我们主张的关键内容当作资源

变革的观点在持续改变

下次当你面临破坏性事件不知所措时，看看这张表格的左栏。如果这部分让你想起通常可能采用的做法，再看看表格右栏的对应条目，也许你会发现一些可以处理当下状况的新点子。如果应用表格右栏的方法似乎很费力，就考虑一下这样做的原因是什么。

为什么与涌现共舞很重要

涌现式变革（越来越复杂的秩序以自组织的方式在无序中产生）不仅仅是我们当下体验的一种隐喻。系统的多样性、互联性、互赖性或互动性越强，复杂性就越高。这些特点越来越明显的一个表征，就是我们现在的系统正在发生各种颠覆性的改变。

今天，一些前所未有的条件可能导致混乱和崩溃，但革新的种子也蕴含其中。通过面对棘手挑战的不同人之间发生各种创意互动，我们可以选择汇聚生成一个生机勃勃又包罗万象的社会。从很多方面来看，这条路径是有悖直觉的。变革是自上而下发生的，要遵循一个有序的计划，一步一个脚印，这些都是关于变革的传统观点，而本书的内容打破了这些传统的变革思维。

我们既无法控制涌现，也不能充分预测涌现是如何发生的。涌现可能来势汹汹，让人措手不及。然而，我们可以与涌现共舞，相信会取得意外而有价值的突破。与涌现共舞，需要了解一些鲜为人知的概念：

- **拥抱神秘性。**除了陈述答案，也要提出问题。
- **追随生命能量。**除了制订计划，还要运用直觉。
- **选择可能性。**关注梦想和抱负，而不仅仅是关注目的和目标。

变化一直在发生。涌现会严重破坏我们熟悉的东西。我们有必要学习如何与之创意共舞。在这个越来越变化莫测的世界里，我们的生存岌岌可危。把变化当成机遇，收获积极成果的可能性便会来到我们身边。

很多涌现式变革的流程方法已经揭示了很多充满创意且高效的方法，让我们实现与涌现共舞。应用这些方法，我们也会收获一些可靠的成果。

与涌现共舞的诸多益处

虽然无法明确预见涌现式变革的成果，但与涌现共舞并非不可以为之。通过开展涌现式变革，我们可以收获以下诸多益处：

- **得到锻炼，精神焕发**

  我们更有勇气、更有动力去追求对自己而言重要的东西。带着无数新想法，心怀对导师、支持者和粉丝的信任，我们开始采取行动。

  在“重要新闻”早期组织的一次集会上，一位大学刚毕业的女生带来了一个想法：在国际报道中为美国观众展现一张有人情味的面孔。会上，她为这个想法找到了支持。有些经验丰富的人给她提供辅导，推荐自己认识的人让她去沟通、交流。今天，共同语言项目（Common Language Project）正在蓬勃发展，并屡获嘉奖。

- **形成新的伙伴关系**

  当我们遇到平时难得一见的人时，可能会碰撞出很多灵感火花。种种充满创意的条件让我们有机会呈现彼此的差异，开展各种生机勃勃又富有成效的互动。

  一位资深新闻调查员勉强同意与一位年轻的新媒体记者合作。他们创建了一个多媒体网站，讲述一个历经两年调查收获的故事。不仅社区成员非常喜爱这个故事，那位资深新闻调查员也开始寻求更多互动式项目，而新媒体记者也开始学习如何做调查性报道。

- **突破项目的表面**

　　不同人之间发生的各种互动激发了很多实验性项目。作为一家服务主流媒体的教育机构，波因特学院（Poynter Institute）的传统客群正在萎缩，所以它正在寻求新方向。在一次“重要新闻”集会上，因为波因特学院是协办方之一，学院的很多工作人员参加了那次集会。他们广泛而深入地聆听了现场各方人士的分享，一个新点子脱颖而出，基于学院当时的自我定位，带领学院进入一个新领域：支持创业型记者的培训需求。

- **社区变得更强大**

　　在形形色色的陌生人中，我们找到志同道合的人，形成了很多持久的联结，亲密感也越来越强烈。我们意识到我们有共同的意图——一种受某种更深层次的智慧引导而产生的使命感，我们的工作不仅仅服务于我们自己，还服务于更大的整体。认识到这一点，我们就更有信心去采取行动。

　　正如一位参加过“重要新闻”集会的社区博主所说：“我不再是孤身一人。我发现人们提出了类似的问题，对新闻业的未来有类似的憧憬。现在我有了可以交流、分享各种想法的朋友，知道我们有共同关注的事业。”

- **文化开始改变**

　　随着时间的推移，由于互动持续发生，关于我们是谁的新说法开始形成。

当“重要新闻”活动开始时，我们希望为这个苦苦挣扎的领域发现新的可能性，以便更好地为大众服务。随着主流媒体开始走下坡路，尤其是报纸的衰落，这项工作变得更加重要。我们看到新闻业在消亡这个老套的故事，并为它提供了一个接受哀悼的地方；我们还窥见一个重要的新故事正在诞生，在新故事里，新闻是一次谈话，而不是一次讲座。新闻故事鼓舞人心，而不是让人心灰意冷。“重要新闻”已经成为一个活力四射的开放对话空间，创新在这里不断涌现。新的语言，如新闻生态——公众、政府和机构之间的信息交流，可以让人们受到启发、深受鼓舞、投入其中、积极行动——使人们更容易理解有什么变化正在发生。人们会说：“没有大公司做后盾支持我，我还能很有效地工作，这一点，以前我不知道，现在我知道了。”

这些经历表明，与涌现共舞可以激发出非常好的活动、行动的能量、社区感和更大的整体感，这说明一个群体智能系统正在发挥作用。

随着越来越多的人开始与涌现共舞，我们是谁，我们在做什么，我们如何与他人相处，甚至这一切的意义，都发生了根本性的改变。在这个过程中，关于变革如何发生，我们破除了一些让我们感觉熟悉而舒适的观念，把一些不太可能相提并论的概念放在一起。例如，2007 年，“重要新闻”活动邀请到 44 位嘉宾，既有主流媒体的新闻工作者，也有推动媒体变革的人士。集会刚开始时，我看到这些人都在用怀疑的目光打量彼此。一旦他们意识到每个人都关心新闻行业对大众的作用，他们之间的合作就变得如火如荼。

就像我们这个时代的许多故事一样，通常被称为变革管理（change management）的那套关于变革是什么以及如何开展变革的经典老故事已经不那么奏效了。一个创造性地应对复杂、冲突和动荡的新故事正在生成，而这个新故事需要我们对涌现式变革有更多的理解，并了解在将动荡转变为机遇方面，涌现式变革能教给我们什么。稍后，我们会讨论涌现式变革的实践方法、原则、问题以及随着越来越多的人参与到涌现式变革过程中，可能会发生什么。

变革的理论和实践方法至关重要，不要以为只要专家们出手，变革就可以搞定了。现在，需要大家都提高能力，重新展望我们的组织、社区以及所有我们生活和工作中的系统——医疗保健、教育、政治、经济等。一起努力，我们就能实现梦想。

第一部分

涌现的本质

只有一样东西让生命成为可能，那就是让人难以忍受可又恒久不变的不确定性：不知道接下来会发生什么。

——《黑暗的左手》（*The Left Hand of Darkness*），美国科幻、奇幻、女性主义与青少年儿童文学作家厄休拉·勒吉恩（Ursula K. LeGuin）

涌现是大自然的变化方式。涌现和突发事件是近亲，两者总是相伴而生。发生了什么呢？

一个干扰事件打断了日常生活。除了各种自然反应，如悲伤、恐惧或愤怒，人们还会发生分化，即承担不同的任务。例如，在地震中，许多人身受重伤，无法动弹，有些人却在照顾伤者，其他人寻找食物或水，还有几个人关爱动物，也有人在互联网上创建了一个“找到你所爱之人”的网站。少数人披荆斩棘，其他人紧随其后。他们知道需要什么，并在那个情境中发挥自己的独特天赋。一个新秩序开始形成。

引言中描述的变化模式展示了涌现式变革的以下方面：

- 破坏性事件打破了现状。
- 系统发生分化，各种创新和特质在系统的各部分之间浮现出来。
- 系统的不同部分相互作用，形成了一种崭新且更复杂的连贯性。

人们常说涌现有一种神奇的特质，产生这个说法的部分原因是我们无法预先确定涌现具体会产生什么结果。涌现是无法人为制造的。涌现通常来自个人和集体的直觉——不依赖于理性头脑而产生的本能和无意识的知觉或感觉。涌现通常被强烈的情绪推动，如兴奋、渴望、愤怒、恐惧和悲伤。涌现很少遵循合乎逻辑的有序路径，感觉更像是一次情绪的飞跃。

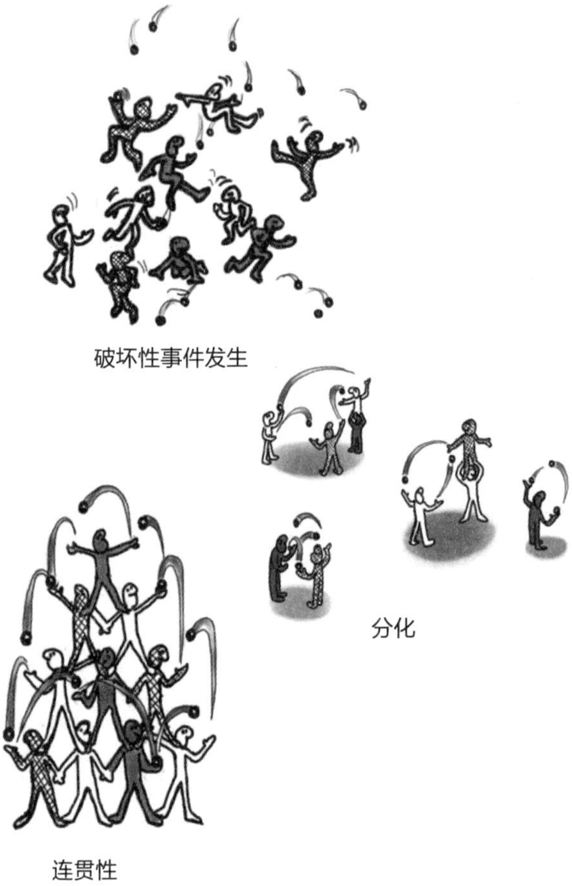

破坏 — 分化 — 连贯[①]

涌现总是在发生。如果我们不与涌现合作，就会被涌现干掉。在人类的种种系统中，当强烈的情绪被忽视或压抑得太久时，涌现就会发生。虽然涌现是自然发生的，但涌现并不会总是积极的，涌现也有黑暗的一面。火山喷发、陨石撞击，还有战争，都造成过涌

① 插图作者是 Steven Wright，steven@wrightmarks.com.

现式变革。例如，原有的物种或文化灭绝了，新的物种或文化填补了空白。即使是战争，也能留下更高阶的新系统，令人兴奋不已。国际联盟和联合国就是分别在不同的世界大战之后产生的，这样的社会创新前所未有。

涌现似乎是无序的，因为我们无法辨别有意义的模式，只看到各种变幻莫测而又毫无意义可言的互动。但是，当不同的人面对棘手的挑战，发现并实施没有人能够独自预测或完成的想法时，秩序就触手可及。你无法强迫涌现的发生，但可以培养涌现的发生。

第一部分的不同章节阐述了涌现是什么，涌现的工作机制以及与涌现共舞时的一些注意事项。当身处风暴之中时，你很难理解发生了什么。当理解了涌现的本质，无论遭遇什么变化和挑战，我们都可以更有效地应对。

第1章

涌现是什么

你要是想从头开始做一个苹果派，那你必须先把这个宇宙发明出来。

——《宇宙》(*Cosmos*)，美国天文学家、科普作家、

科幻小说作家卡尔·萨根（Carl Sagan）

对我们大多数人而言，涌现的概念很难理解，因为这个概念刚刚进入我们的意识。当新事物出现时，我们没有简单的速记式语言来描述它。我们尝试使用的词语看起来像是专业术语。所以我们勉为其难地用不同的文字、图像和类比，试图表达空气中这种几乎闻不到的味道。我们知道它的存在，因为我们发现有些东西和已经知道的东西配搭起来有点困难。

涌现带来破坏，造成失调。发展能帮助我们提炼有用特质的语言，使我们在一定程度上理解涌现造成的干扰。当我们越来越熟悉描述新生事物的词语时，我们对新生事物的理解也在提高。例如，干扰、破坏和失调是与涌现共舞的语言的一部分。这些术语都是近亲，我经常交替使用它们。在这三个词里面，破坏是最常用的词。如果某件事涉及情感上的细微波动，我们通常将这种破坏称为干扰。如果发生了冲突，或者破坏特别恼人、缺乏共识、有损和谐，我们通常称之为失调。

本章帮助我们建立一套可以用于定义涌现的词语，从历史的角度简要介绍了我们对涌现的理解是如何演变的，还指出了强涌现和弱涌现之间的一些区别，并描述了涌现的基本特征——涌现是什么样的、涌现的表现如何，以及涌现如何发生。本章的结尾指出了学会如何与涌现共舞时会遇到什么挑战。

定义涌现

在前言中，我尽量简单地定义了涌现：乱中生序。一个更微妙的定义是混沌中产生的更高层次的复杂性—— 一个系统中的不同实体之间相互作用，汇聚出具有连贯性的各种新生结构。当这些相互作用开始产生破坏作用，导致系统分化并最终合成某种新生事物时，涌现便发生了。

这一定义的关键要素是混沌和新生。混沌是在给定环境中不同实体之间的随机互动，如鸡尾酒会上人们的交流。混沌没有明确的互动模式或规则。假定在一个鸡尾酒会上没有单一文化的主导，就没有人知道应该和别人保持多远的距离，是否要有眼神交流，或者是否要用名字或姓氏称呼他人。当一个更复杂的新生系统形成时，涌现式秩序就生成了，往往生成于一个意想不到的，几乎是神奇的飞跃。鸡尾酒会实际上就是一个要让人吃惊的派对，每个人都知道要躲在哪里，什么时候该唱“生日快乐”。

涌现产生了很多新系统，不同实体遵循一些基本原则，不断发生互动。在畅销书《涌现》(*Emergence*)中，科学作家史蒂文·约翰逊(Steven Johnson)这样写道：“在一个维度上定居的各种介质开始产生高于其所在维度的行为：蚂蚁建立殖民地；城市居民创建社区；简单的模式识别软件学会如何推荐新书。”[①] 人类系统中发生的涌现，已经产生了各种新技术、新城镇、新民主，还有些人会说，涌现产生了意识，即自我反思的能力。

涌现简史

如果我们想与涌现共舞，那么了解涌现的起源会对我们有帮助。科学家彼得·康宁(Peter Corning)写了一篇关于涌现的文章，非常精彩。[②] 他收集了大量的资料，从不同的角度来描述进化。我已经阐述了其中的一些重点：

- 自1875年以来，人们对涌现的兴趣有起有落。根据哲学家戴维·伯利茨(David Blitz)的说法，这个术语是由具有先锋地位

---

① Steven Johnson, *Emergence: The Connected Lives of Ants, Brains, Cities and Software* (New York: Scribner, 2001), 18.

② Peter Corning, "The Re-emergence of 'Emergence': A Venerable Concept in Search of a Theory", *Complexity* 7, no. 6 (2002), 18-30.

的英国心理学家刘易斯（G. H. Lewes）创造的，他曾写道："这里是不同种类的事物之间发生的一次合作。涌现出来的事物不同于其任何组成部分……也不能还原为它们的和或者它们的差。"到了20世纪20年代，在分析论的冲击下，"涌现"的想法得不到人们的青睐。人们认为分析是理解我们这个世界的最好方法。近年来，非线性数学工具提供了对各种复杂的动态互动活动进行建模的手段。这种建模能力让人们对涌现重新产生兴趣，即各种完整的系统是如何发生进化的。

- 涌现现象与人们对进化现象的研究密切相关。与达尔文同时代的英国哲学家赫伯特·斯宾塞（Herbert Spencer）将涌现描述为"组织向新层次进化过程中一种由能量驱动的内在趋势"。涌现解释了进化过程中发生的各种突变——沧海变桑田，从猿进化到人类。

尽管进化论领域的科学家已经做了很多工作，但来自不同学科的人们还是难以解释涌现这种普通又神秘的体验。在某个研究或实践领域中，是什么让人们在理解方面获得意想不到的飞跃？对我们理解这一现象有所帮助的是，1962年，托马斯·库恩（Thomas Kuhn）创造了"范式转移"（paradigm shift）一词，描述在一门科学学科的指导性假设中发生的打破传统的改变。①

然后，在复杂系统研究领域占据前沿地位的领导者圣达菲研究所（Santa Fe Institute）推进了这项工作。米歇尔·沃尔德罗普

① Thomas Kuhn, *The Structure of Scientific Revolutions*, 3rd ed.（Chicago: University of Chicago Press, 1996）, 85."范式转移"这个词语第一次出现是在这本书的第85页，而全书描绘的是从一种世界观转变为另一种世界观的变革概念。

（Mitchell Waldrop）在他的著作《复杂》（*Complexity*）中生动讲述了圣达菲研究所是如何诞生的，读起来就像一次伟大的冒险。[①] 20世纪80年代中期，被一种直觉吸引，很多生物学家、宇宙学家、物理学家、经济学家以及其他人，纷纷来到美国洛斯阿拉莫斯国家实验室（Los Alamos National Laboratory），探索关于复杂性、适应性和混乱边缘的剧变这些奇奇怪怪的概念。[②] 尽管他们来自不同学科，使用不同的术语，但他们对涌现这种奇特的变革形式有共同的体验。他们提出各种问题，不再觉得孤立无援。其他人也在探索这些边缘领域。

他们给这种体验起了个名字：逐渐涌现的复杂性（emergent complexity），或者简称为涌现。虽然涌现有大家熟悉的方面（例如，在一个孩子的脸上我们可以看见妈妈的鼻子，爸爸的眼睛），但涌现这个概念自成一体，不是旧想法和新想法的简单整合，不仅如此，而且截然不同。涌现是整个系统随着时间的推移而不断演变。单细胞有机体相互作用，多细胞生物逐渐形成。人类开始有自我意识，并追踪自身的进化。

在《涌现》这本书里，科学作家史蒂文·约翰逊谈到了我们对涌现的理解是如何演变的。在最初的阶段，人们努力探索自组织的想法，却没有合适的语言来描述自组织。没有一个连贯的参考体系，这些想法就像魔术师的幻觉：我们的注意力转移到熟悉的事物上，可真正的行动就在我们眼前发生，我们却看不见。

---

① M. Mitchell Waldrop，*Complexity*: *The Emerging Science at the Edge of Order and Chaos*（《复杂：诞生于秩序与混沌边缘的科学》，New York：Simon & Schuster，1992），67-77.

② 出处同上，p.12.

随着语言的发展——复杂性（complexity）、自组织（self-organization）、复杂适应性系统（complex adaptive systems），第二阶段开始了。这些术语让我们开始关注一些新的方向。人们开始跨越学科边界走到了一起，试图理解这些模式的本质。在这一阶段，圣达菲研究所拥有核心地位。

20世纪90年代，我们进入第三阶段——应用涌现（applied emergence）。在这个阶段，我们"停止分析涌现，开始创造涌现"。换句话说，我们可以看到，像蚁丘这样的现象里，涌现自然发生。我们开始与涌现共舞，如开发软件、帮助我们识别音乐或寻找同伴。

本书探讨的是如何在我们的各种社会系统中为应用涌现创造条件。目的是帮助我们处理不断变化的涌现式复杂性，以便实现我们的想法，产出服务于生命的累累硕果。

弱涌现与强涌现的区别

科学家区分了两种涌现的形式：弱涌现与强涌现。理解这一区别，可以消除一些混淆。涌现现象有些可预测的模式，如交通流量和蚁丘，是弱涌现的例子。与之相反的是，强涌现会造成动荡的剧变。当一些破坏性事件戏剧性地改变了一个系统的形式时，如在很多革命和复兴过程中，强涌现就会发生。

弱涌现描述系统中出现的新特性。一个婴儿是完全不同于其父母的独特存在，但其样貌基本是可预测的。在弱涌现中，规则或原则充当权威，为系统的运行提供背景环境。实际上，有了规则和原则，系统便不再需要负责人。道路交通系统就是一个简单的例子。

当一种完全不可预测的新形式出现时，强涌现就会发生。我们不可能通过理解之前发生的事情来猜测涌现的特质。我们也不能从涌现的组成部分或各部分的相互作用来追溯涌现的根源。虽然我们在电视上看到许多故事，但是无法在看书时预测到在电视上讲故事这种形式。

当强涌现发生时，塑造一个系统的那些规则或假设就变得不可靠了，系统便一团混乱。在我们的社会体系中，也许情况过于复杂，传统的社会等级制度难以应对涌现。以自组织方式应对涌现状况就说明了这一点。这些状况都给了涌现这样一个名声：令人不安的信心飞跃。

然而，即使在没有指挥和中央控制的情况下，在发生涌现式变革的系统中，秩序感也会不断提升：在无人负责的情况下，有用的事情也会发生。开放系统从环境中提取信息和秩序，为日益复杂的形式带来连贯性。在涌现式变革过程中，设定明确的意图，创造友好的条件，并邀请不同的人建立联结，都是有效的方法。我们就当涌现式变革是一个有特定目的的放大版鸡尾酒会吧！

涌现式变革的特点

尽管讨论还在继续，科学家们普遍同意涌现具有以下这些特性：

- **颠覆式创新。**在复杂性的每一个层次上，都体现出全新的特性。
- **连贯性。**一个稳定的交互系统（一头大象、一个生物圈、一份协议）。

- **完整性。**不仅仅是其各部分的总和，而且不同于其各部分，其各部分也不能复归整体（人类不仅仅是许多细胞的合成体）。
- **多变性。**总是处于不断进化过程中（交通方面的变化：步行、马车、汽车、火车、公共汽车、飞机）。
- **向下的因果性。**系统塑造了不同组成部分的行为（道路决定我们在哪里开车）。

“整体大于部分的总和”这句话抓住了这些观点的关键方面。鸟组成鸟群。沙子形成沙丘。还有许多个体创建不同的社会，这些短语中的每一个都命名了一个系统，相互关联，又截然不同。每个系统都由个体组成，受其影响，但又各不相同：鸟和鸟群、沙子和沙丘、个体和社会。

涌现的表现如何

与所有的变化一样，当破坏性事件开始影响互动时，涌现就会出现。在涌现式变革过程中，连贯性被打破；在一个新的系统中，各种差异逐渐浮出水面，并重新成型。最常被提及的两种驱动力是：

- **没有人负责。**没有指挥者来指挥有序的活动（各种生态系统、经济系统、城市活动）。
- **简单的规则产生复杂的行为。**随机性开始表现出连贯性，当每一个个体与其近邻互动时，都遵循几条基本原则或假设（鸟群、公路上的车流）。

十二步项目描述了这些想法在实践中的运作。大多数参与者都是非常独立的人，他们在那里不是为了追随权威人士。然而，遵循十二项声明的指导，这些项目就形成了一些高度复杂的国际组织，迄今已经影响了数百万人的生活。

毫无疑问，这两种驱动力的简单性可能会让许多高管和政府机构负责人产生怀疑。没人负责？不太可能。命令（order）就是一个用来发布指令的术语，这不是很有趣吗？如果命令来自上层，会发生什么？如果有些命令破坏了组织的现有功能，那么有时组织会朝着有用的新方向发展。有时，命令会在系统内部产生意想不到的结果，如涌现，与接收到的命令几乎毫无相似之处。

如果管理者说："我们太复杂了，简单的规则行不通的。"他们很可能混淆了烦琐（complicated）和复杂（complex）。我们经常把事情搞得过于烦琐，在一个官僚机构填写表格，就是一个常见的例子。复杂性则完全不同，复杂性很优雅。用爱因斯坦的话来说："可以把复杂性变得尽可能简单，但不是更简单。"

涌现是完成复杂性任务的一种高效能方法。考虑一下通过对话与战争来处理冲突的不同代价。少数外交官之间的谈判可以为所有相关方带来突破性的协议。相反，武装冲突少则涉及数千人，通常会产生对一方有利的结果，同时让参与各方都蒙受生命和财产的损失。在时间、金钱和生活方面，对话和战争属于截然不同的方案。

新生事物如何涌现

两个关键的动态因素决定了新生事物如何形成，即包括我们在内的各种系统是如何学习和应变的。像我们这样可以有自主性的多样化主体之间不断互动，越来越复杂的新形式便开始涌现，通过：

- 相邻个体之间互相**反馈**。
- 同类形成**集群**，因为物以类聚。

反馈

系统通过反馈来实现成长和自我调节。一次互动的输出会影响下一次互动。我们与一位邻居交谈，又把与这位邻居讨论的一些内容分享给了朋友们，结果是突然间镇上的每个人都知道萨莉嫁给了哈里。

破坏性事件也是反馈，预示着潜在的变化。我们大多数人关注的是症状，而症状是这些预警信号的有形产出。有人打架了，我们会关注谁赢谁输。那么，是什么引起了这场争斗？有什么别的办法可以解决问题？ 当我们关注反馈背后的事情时，我们会提出不同的问题。

反馈也会启动沟通，反馈连接内部和外部、高层和基层，连接不同系统，也在系统内部建立连接。反馈让我们有机会注意正在涌现的事物，并领悟其意义。

系统理论利用反馈循环来帮助我们发现互动如何相互影响，命名了两种类型的反馈循环：正反馈回路（也被称为“增强回路”）和负反馈回路（也被称为“调节回路”）。

也许这就是发生争斗的起因：我说出我的想法，惹恼了你；你勃然大怒，愤然反击；即使我不是有意惹你生气，现在我也要采取防御措施了；为了保护自己，我就攻击你，于是事情就变得越来越糟。在这种所谓的正反馈回路（reinforcing feedback loop）形式中，输出会在大体相同的方向上强化一种行动——有时是增加的方向，有时是减少的方向。不健康的正反馈回路被称为恶性循环，如果是健康的，则称为良性循环。

另一种形式的反馈是通过负反馈回路（balancing feedback loop）产生的。相反的力相互抵消。例如，政府的行政部门、立法部门和司法部门之间的权力分立展示了一种负反馈回路，每个部门都能监察其他部门。在不断学习和适应变化的健康系统中，负反馈回路会定期破坏正反馈回路，终止它们的永续成长。如果没有这样的制衡，我们就会面临全球变暖、遭遇经济崩溃、罹患癌症。

集群

当我们互动时，相互反馈就会发生物以类聚、人以群分的现象。我们有些人因具有一个共同的特征而团结在一起。例如，我们喜欢同一位候选人。随着时间的推移，形成了各种小团体，每个小团体的成员有相似的兴趣。例如，提倡某种学校教育新方式的一群父母会形成一个小团体，如通过持续的互动，小团体变成了更大的团体。当某些东西将它们捆绑在一起时，就形成了越来越复杂的人际网络，如家长、教师和小企业联合起来创建新型学校。在某个点上，一个复杂而稳定的集群出现了。这个集群有一些独特的属性，与组成这个集群的那些个体元素截然不同。随之，一场全国性的特许学校活动开始了。某种新生事物逐渐涌现。

人类在模式匹配方面很有天赋——同类相聚。我们这样做是出于自发甚至是无意识的。我们在城镇的形成中也可以间接看到这一现象，旧金山、纽约和伦敦都有亚洲人的聚居区，所有的汽车经销商都在镇上的同一个地方。人们创建了互联网地图，高度互联的集群据点正在出现。我们正在经历涌现的过程。通过日益成熟的技术，我们可以追踪复杂网络的形成。各种新工具向我们展示了大脑的无数神经网络、自然的各种生态系统以及各种文化中的不同社会结构。当能够看见复杂性时，人们重新升起对涌现的兴趣，我们终于可以跨越时空研究各种复杂的模式了。

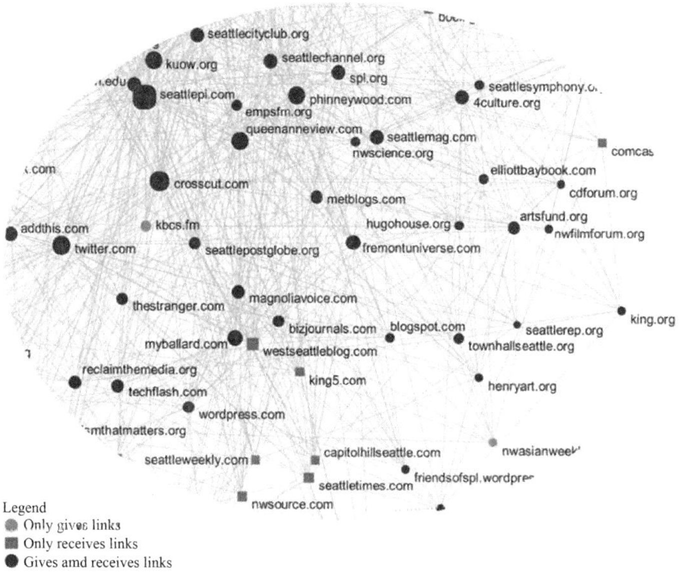

太平洋西北部新闻业生态图——扩大的网络①

这些工具让人们可以看见一些复杂的故事。例如，在 2010 年的“重要新闻”组织的一次大会上，一张西北部新闻和信息网站的地图

① 网络图的一部分。重印已获得 Govcom.org Foundation，Amsterdam（http：//govcom.org）的许可。感谢 Sheri Herndon 给了我网络图的灵感，并且促进了网络图的绘制过程。谢谢 Richard Rogers 制作了这幅网络图。如要看到该网络图的全貌，请访问 www.newshare.com/wiki/images/7/76/GCO_Seattle_extended_large.pdf。

引起了一位主编的注意，他注意到地图中心部位发生的竞争态势。他在这张地图上花了很长时间，好不容易才找到他的组织。一位同事解释说，这说明他们的组织使用的技术是过时的。毫无疑问，当这位主编回到办公室时，他的工作重点立即发生了改变。

学会如何与涌现共舞

涌现的故事方兴未艾。我们曾与涌现斗智斗勇，也描述了涌现的一些特质，并给涌现起了一个名字。我们初步理解了涌现对各种社会系统（组织、社区及政治、卫生保健和教育等部门）的意义，刚开始学习如何利用涌现来支持一些积极的变革与深刻的转变。

在社会系统中，涌现式变革会让我们有可能满足那些历久弥坚的需求、意图和价值观。涌现式变革可以呈现不同的形式，在维护基本真理的前提下，带来以前不可能实现的创新。在新闻业，准确性和透明度这样的传统价值观正在进入博客圈、社交网站和其他新兴媒体。

涌现式变革是一个过程，持续不断，永无止境。涌现式变革强调互动，同样强调发生互动的人或各种元素。大多数人关注的是自己能观察到的东西——动物、项目结果、物体；涌现式变革还包括关注正在发生的事情，如带着不同文化假设而来的陌生人，他们的文化假设在组织或社区中会产生涟漪效应。

涌现式变革是不同实体之间相互作用的产物。因为互动不会存在于真空中，所以环境也很重要。因此，仅仅把不同的人聚在一起不一定会带来一个好结果。初始条件会设定环境。邀请是如何发出的，欢迎的质量，提出的问题，物理空间，所有这些都影响着聚会的结果是爆发一场争斗，还是形成意外而温暖的合作伙伴关系。

其实，与涌现相处，有点像和美国西南部古普韦布洛人（Pueblo）中一个喜欢耍花招，名叫科科佩利（Kokopelli）的人交朋友；或者像和北欧神话里的“恶作剧之神”洛基（Loki）交朋友。与淘气鬼打交道总会遇到一些陷阱。

第2章

陷阱是什么

追求秩序的地方，总是最混沌的。混沌总是会打败秩序，因为混沌组织得更好。

——《不平之时》(*Interesting Times*)，

英国著名幻想小说家特里·普拉切特（Terry Pratchett）

涌现如此大有前景，为什么没有得到更广泛的支持？首先，我们才刚刚开始了解它的变化原理，以便我们能够与其成功相处；其次，开展涌现式变革会遇到陷阱，其实会遇到好几个陷阱。以下篇幅会展示六个陷阱。

陷阱 1：起步就是一次信心的飞跃

作为涌现结出的累累硕果，有一些具有突破性的创举发生了，可这些创举起初并无任何特别壮观之处。恰恰相反，大多数伟大思想的种子都会遭遇他人的误解、否定或阻止。我听过作家彼得·布洛克（Peter Block）总结戴维·伯恩斯坦（David Bornstein）的《如何改变世界》（*How to Change the World*），他发现，成功的社会创业项目初期往往规模小、进度慢，而且资金不足。①

开始阶段总是充斥着自我怀疑、错误的起步、被当成疯子解雇以及其他各种令人不快的经历。胆小的人不适合做开疆辟土的工作。甘愿披荆斩棘的人们，是因为有些事情如此令人无法抗拒，以至于他们觉得自己必须做这些事情，除此以外别无选择。通常，原因是显而易见的：一个企业倒闭了或一场海啸摧毁了他们所在的小镇。有时候，一个人的内驱力会推进某种想法。“绿领工作”（green jobs）运动的开始就凸显了这种信心的飞跃，很多活动的问世都是由于这种信心的飞跃。我曾在 2007 年听范·琼斯（Van Jones）讲述一个故事，他是人权和清洁经济活动家，后来还在奥巴马政府短暂任职。

琼斯早年从事社会公益活动，感到筋疲力尽。正如他所说，他一次又一次地把头撞在非正义的墙上，自己崩溃了，可墙上连个坑

① David Bornstein, *How to Change the World: Social Entrepreneurs and the Power of New Ideas*, upd. ed.（New York: Oxford University Press, 2007）. Peter Block 曾在 2008 年俄亥俄州 Bowling Green 州立大学的 Nexus for Change 活动上提到这本书。

都没有留下。他觉得自己需要离开，于是参加了一次灵修活动。这次对他而言非同寻常的经历影响了他，也让他结识了一些来自不同社区的新朋友。他发现自己穿梭于仅相距30分钟车程的两个世界之间。他住在加利福尼亚州的奥克兰（Oakland），那里的贫民区连一家杂货店都没有；而在他到访的马林县（Marin County），那里的人们在驾驶混合动力汽车和食用有机食品时，还在为自己的碳足迹而劳心费神。在某种程度上，这种不协调融合成了一种灵感："绿领工作"——根据更高的环境标准改造建筑，这些不能被转移到海外的工作将奥克兰的就业需求和马林县的生态敏感性结合在一起。

琼斯向他创立的埃拉·贝克人权中心（Ella Baker Center for Human Rights）的董事会提出了这个想法，却没有得到人们的积极响应。没人"明白"他这个想法，他们在治安和监禁方面有更紧迫的问题要处理。自我怀疑一直伴随着琼斯，他不仅要对自己负责，还要对埃拉·贝克人权中心的工作人员和支持者负责。尽管如此，"绿领工作"这件事对他的强烈召唤，还是让他无法置之不理。随着时间的推移，生态资本主义和环境正义这样的理念开始深入人心。最终，奥克兰绿领就业公司（Oakland Green Jobs Corps）得以创立。埃拉·贝克人权中心作为该项目的设计方和倡议方，定位该项目是一个"提供绿色脱贫途径的职业培训和求职就业渠道"。①

2007年，一个来自国会山的电话邀请琼斯参加由国会众议院议长主持的会议。30人围坐在桌边，每个人都有两分钟的时间来分享一个想法，琼斯需要快速而尖锐地表达自己的观点。轮到他时，他

---

① 绿领工作运动（Green-Collar Jobs Campaign），www.ellabakercenter.org/index.php？ p=gcjc_green_jobs_ corps.

说了这几个字："绿领工作"为所有人而来。人们记住了这句话。15分钟后的新闻发布会上，当众议院议长谈到"绿领工作"的未来时，琼斯就站在她身后。这个词已经成为环保工作帮助人们摆脱贫困的集结号，从此传遍了世界。

与他人沟通新颖的想法很不容易，因为他们没有模型和概念。一开始，这些新想法就像种子，只是一种直觉，很容易被忽视，也很难让人接受。如果召唤很强烈，即使不知道它到底是什么，我们也别无选择，只能大幅提升自己的信心并开始行动。在做实验的过程中，我们的亲身经历会让我们获得相应的语言。有了语言的帮助，这些观念便会开始深入人心，并广为传播。到了一个特别的时刻，像"绿领工作"这样的术语就有了意义。随着支持的不断增加，最终外界会认为这个创新一夜成名。

这就引出了下一个陷阱。

陷阱 2：成功可能成为障碍

因为与涌现共舞涉及未知的事物，所以它是有风险的。对许多传统的领导者来说，成功意味着要为员工或社区成员的福祉负责任。如果风险导致了失败又该怎么办？

2009 年，一位新闻业的同人与一家大型新闻机构达成协议，开发一款软件来支持一种新的商业模式。当需要为第二阶段的开发提供资金时，该机构退缩了。在继续推进之前，它需要更多的确定性。对新闻机构来说，确定性的到来还需数年之久。选择无所作为，就意味着延续目前的衰退，这很可能是致命的。

然而，考虑到他们的决定会影响到许多人，他们需要得到担保也是可以理解的。一位出版业高管对我说："我们有很多想法，只是没有足够的资源去把所有的想法付诸实施。我们知道需要采取行动，可我们如何在众多选项中做出选择？"

为什么威廉·波音（William Boeing）1958 年在 707 飞机上"冒了商业史上最大的风险之一"？[①] 是什么迫使布隆迪部长普罗斯珀·那达内舒瑞耶（Prosper Ndabishuriye）要直面死亡，团结胡图族和图西族青年在 1993 年的种族灭绝后重建家园？[②]

线索就在危机中。当干扰足够大时，我们才会明确了解什么是至关重要的。这样的情况，正是一个失去选民的信心、面临生死攸关的资金削减的国家机构所遭遇的。正如该机构的故事所言，当我们不确定是否要介入时，澄清意图会促进行动。

为了化解该机构的信任危机，州长成立了一个蓝带委员会（由一些专业人士组成的非正式组织，目的在于对某项社会事务进行调查研究）。委员会提出的众多建议之一是：聘请一位新高管，负责制订一项获得广泛公众支持的战略计划。能否募集到该机构需要的资金就取决于这项战略计划能否成功。

这位高管知道她和员工的前途都取决于一个成功的战略计划。他们的社区服务工作也取决于此。她向董事会提议，应该突破向公众灌输的单向沟通过程；她想主持一场全州范围的对话活动。

---

① Michael Lombardi，"Century of Technology：20 products that prove how Boeing made into reality what others dared to dream"，January 2004，www.boeing.com/news/frontiers/archive/2003/december/cover1.html（accessed February 22，2010）.

② "About JRMD/YRWD"，www.jrmd.org/spip.php？article1（accessed February 22，2010）.

当董事会考虑这个想法时，董事会成员们担心某些个人议程会占上风：农村还是城市，大还是小，东部还是西部。如果他们广开言路，让人人都可以畅所欲言，那么什么能防止这一过程成为一场谈论什么都可以、人人为自己而战的斗争？

在一次早期的规划会议上，我与董事会及其他工作人员一起澄清进行规划的目的。我们使用了欣赏式探询（Appreciative Inquiry）——这个流程以提出可能性导向的问题为基础，专注于探讨什么是有效的，以及什么可以激发明智的协作行动。董事会和工作人员深入探讨了自己对这个领域的决心所在，分享了自己是如何爱上这份工作的故事。当他们完成分享时，规划过程的重点也一目了然。即使他们清楚不知道具体会发生什么，也确信让公众参与全州范围的对话是一个正确的过程。

最终，1000 多人参加了这场对话。应用开放空间技术，他们组织了两场全州范围的会议和 18 场社区范围的会议，设立了一个在线论坛，开通了一条热线电话。在第一次会议结束时，合作的精神让董事会成员们激动得忘记了自己曾经害怕过，支持者将该机构视为令人尊敬的对话召集人和合作伙伴，所需的资金也重新到位。此外，当一年后全州预算危机袭来时，该州选民纷纷伸出援手，让该机构保留了足够的经费来开展工作。

明确的意图可以架起旧世界与新世界之间的桥梁，让我们在某种程度上放心地立足当下或展翅飞翔。虽然不能消除风险，但一个明确的、令人信服的目标能使我们在行动时有的放矢。行动会带来结果，即使我们往往看不到结果。

陷阱 3：结果很难识别

起初发生的事情似乎是我们已经知道的事情。当遇到新生事物时，我们的第一反应就是试图将其融入我们现有的参考架构中。有时，看似微小的变化会改变事物运作的基本假设。多年过去，我们才明白这句话的个中含义。想一想，电子邮件刚出现时，它只是一种更快发送短信的方式，对吗？ 也许起初电子邮件是这样的。一旦我们发现多对多发送信息是多么容易，某种新的东西就形成了。突然间，我们可以接触到更多不同的人。电子邮件的数量不断增加，越来越多的信息纷至沓来，我们当中多少人感受到电子邮件过载的压力？

50 多岁的我成长于一个信息匮乏的世界。我的阅读习惯深受一种假设的影响，这个假设认为信息是稀缺的，所以我想要更多。如今有了电子邮件、博客、维基百科、社交网络和其他技术，我们现在生活在一个信息丰富的世界。关于如何对阅读内容进行分类的各种假设一直在变化，但我还是觉得需要读完所有信息。我很羡慕那些认为自己在需要的时候就能找到所有信息的人，他们天生就有着和我不一样的阅读方式。

伴随着技术变革的快速步伐，许多指导日常生活的假设也在发生变化，甚至形式也在进化。我们使用计算机，而不再使用纸笔。潜在的意图很可能依然存在。问问自己“过去流传下来的什么是值得我们保留的？”以及“什么是我们现在会敞开怀抱来欢迎而以前不可能这么做的？”这样的提问可以帮助我们驾驭这种变化。在 2009 年“重要新闻”活动的一次集会上，就出现了这样的情况：

“在新闻新生态中，我们的工作是什么？”与会者发现了某些兼具平常性与革命性的东西，似乎显而易见，符合现有的一些假设；然而，他们对这些东西考虑得越多，这些东西就越能改变游戏规则。故事是这样的：

那两天，来自整个新闻系统的大约90人（包括编辑、记者、技术人员，以及一些从事印刷、广播和新媒体的人）针对新闻业的未来展开了激烈讨论。在最后一天的早上，人们花了一些时间安静反思。他们寻找对其工作而言有重要意义的模式。三人或四人组分享故事，倾听对所有人而言有意义的是什么。他们思考哪些历久弥坚的东西仍然是有意义的，同时探寻现在想要拥抱的可能是什么。作为一个整体，他们发现哪些想法在房间里引起最大的共鸣。在这些洞见中，两个想法得到最多人的由衷接纳：

- 服务于公众利益的事情就是好事情。
- 新闻业正处于创业期。

现在没有新闻。以前有新闻吗？看着人们在领会这些看似不言自明的概念，我能感觉到，对房间里的许多人而言，时代的车轮在前进。在新闻重生的边缘地带，这些简单的陈述包含着一些重要的真理，让人们获得了自由。传统的记者曾经认为：他们需要新闻机构的名字做背书才会被人们信任；现在他们意识到，即使成为独立记者，他们的声音也是有影响力的。新媒体人广泛尝试社区服务和民主服务的各种新形式，并得到了肯定。一种服务的道德从过去延续下来。作为正在形成的未来图景的一部分，企业家精神得到人们的由衷接纳。

在某个时刻，情况会发生翻转：那些看起来很熟悉、很容易融入现有思维方式的东西，会变成一个新的组织理念。新闻业不再把“服务公共利益”融入商业模式，不再强迫自己去制作无关紧要的内容，而是从现有的桎梏中解放出来，自由地寻找新的生存方式。新闻业正在开展一次复兴运动，看似混乱，却生机勃勃，起因就是一个简单的观点越来越受欢迎，即新闻业正处于创业期，服务于公共利益会深得人心。原来超出人们想象的创业型新闻业成为这个体系的一部分。

有了这样的意识，一些全新的形式便应运而生。技术支持社区报道对其而言重要的新闻和信息，这样的做法支持了社会范围的行动。创业型新闻业采用新的表现形式来更有效地服务公众，这是其核心意图所在。无数的实验正在进行。例如，一次“重要新闻”活动中产生了一个想法，将众筹应用于新闻业。在点子网站上，人们可以发布各种点子以吸引人们提供小额资助；当获得足够的投资承诺时，那些资金就会被收集起来，新闻调查就启动了。

变化如此激进，以至于看起来稀松平常，这时，涌现式变革就有可能发生。只有在回顾时，我们才会发现涌现改变了我们的生活。

还有另一个原因导致人们很难发现涌现式变革的结果，因为涌现是许多小变化累积的结果。当然也会发生本垒打现象（棒球术语，是指棒球比赛中非常精彩的高潮瞬间），即有些项目如此引人瞩目，不容忽视。更常见的情况是，人们需要花费很长时间才能看到涌现式变革的效果。马文·维斯伯德（Marvin Weisbord）和桑德拉·简诺夫（Sandra Janoff）是“未来探索”（Future Search）技术的创始人，他们为应对这一挑战制定了一项策略。未来探索是一个过程，过程中，身处同一系统的人们探索他们的过去、现在和理想未来。他们转变行动能力，创造很多起初认为不可能的政策、计划和项目。在“未来探索”之后，马文和桑德拉主张定期召开回顾会议，这样人们就可以重新联结，分享各自开展的活动。这样，你就不太可能听到这样的话：“嗯，自从那次活动以来，我们在自己的部门或社区里做了未来探索，但是没有多少事发生。”当30或50个人各自说出他们正在做的一件小事，并听到彼此的故事时，他们意识到显著的变化正在发生。这让每个人的工作增添了活力，也扩大了每个人工作的影响力。

涌现的本质就决定了具有非连续性的大飞跃只是偶尔出现，且通常会造成重大破坏，而接下来数年会发生很多渐进式的小变化。转变被整合到一个新的环境中，如创业型新闻。最终，结果开始显现。意识到这些模式的存在，我们可以依据变革本身的节奏和速度，优雅地开展变革工作，与变化一起走向新的可能性，甚至是我们从未预想过的可能性。

陷阱4：最重要的事情很可能没有出现在我们的雷达屏幕上

意想不到的后果往往是最生死攸关的。我们倾向于将启动项目视为成功的衡量标准。或者，如果着眼长远，我们会看重什么项目得以成功实施。虽然这些都是重要的结果，但真正的宝藏往往更不易被觉察。

通过多年观察临时性社区的形成和解散，我发现了一个令人兴奋的趋势。涌现式变革的过程创造了一个环境，信任和友谊在这个环境中成长起来。各种人际网络围绕这些朋友组成的社区形成。也许集会启动了几个临时项目，但人们组成的网络会持续学习和实验。

这些人际网络是与涌现共舞收获的宝藏之一。

在种子资金很少或没有的情况下，围绕不同涌现式变革方法形成的人际网络（未来探索、开放空间、世界咖啡、主持的艺术、欣赏式探询、动态引导）正在成长。如果有足够多的人表现出某种意图，全世界成千上万的实践者就会投入行动。在此期间，大家分享故事，也分享问题，互相指导，一起开展研究和学习。

这些网络如何组织起来发挥集体智慧采取行动，很有可能会帮助人们理解各种新的组织形式。如果我们对所有系统都是自组织这个想法予以重视，会发生什么？想象一下，我们的组织都实现了自主管理，没有上级指导。组织在运作过程中就像连起来的无数网络，有潮起也有潮落，涌现式变革过程中生成的集体智慧对其进行调节；没有人负责，每个人都负责；或者我们每个人都在做对自己重要的事，并在此过程中与他人协作；这些网络合在一起，就形成了一个平稳运行的组织。当然，这样的组织也需要一些支持，需要一些新的思维方式，就像在静修时我与一些同事学到的那样。

在英属哥伦比亚的科尔特斯岛上，我们一群人聚到海峡岩石（Channel Rock）静修中心。建造这个地方是为了实现低碳足迹。按照设计，只要人们小心地使用自己的能源和水，这里可容纳 30 人左右。而我们这 10 个人把自己的支持系统置于严重的危险之中。为什么这么说？理论上我们都知道，应该关灯，要注意节能省电。实际上，我们是习惯的动物。当主人看到我们的水和能源系统正在接近最大使用限额时，他带着我们去参观了发电厂，在那里我们可以看到测量仪显示我们对环境造成了多大的影响。在那之前，我们对用电用水，都是一个抽象概念，是我们看不见的现实。这个洞见可真有趣：我们几乎不可能理解自己造成了多少碳足迹，因为反馈和我们的行动之间相距甚远。

正如这个故事所揭示的，我们对如何善用反馈还处于懵懂状态。重要的结果可能与我们专注于完成的事情无关。我们可能正在接收一些信号，可我们甚至不知道自己需要这些信号。事实上，干扰就是这样的信号。关于如何应对涌现的学习也包括知道总会得到意料之外的结果。涌现式变革中形成的人际网络，是应对未知过程中收获的一份重要礼物；即使那些没有加入网络的人，也作出了某些贡献。

陷阱 5：不是每个人都会完成旅程

我们大多数人都有过这样的经历：别人一头扎了进去，我们却选择不玩了。也许是场地不适合我们，能量不对劲，或者环境不是我们想要的样子。也许是我们参加一个朋友说服我们去参加的聚会，一个工作坊与广告上说的不一样，或者一次教堂的礼拜推出一些自己不熟悉的习俗。周围的每个人都深受感动，我们却不为所动。有时候我们会想自己是不是出了什么问题，或者，我们可能认为其他人都在一股脑地冲进灾难，而置身局外会证明我们是正确的。那是一个仙境、一个让我们发生改变的神秘魔幻之旅，还是提供有毒饮料的琼斯镇？①

---

① 20 世纪 70 年代末，在南美洲圭亚那的琼斯镇，邪教领袖吉姆•琼斯（Jim Jones）的 900 多位信众在集会上喝下掺了氰化物的 Flavor Aid 饮料而自杀身亡。Flavor Aid 是 Kool-Aid 饮料的仿制品。

2007年，我和其他人一起主持了一个集会，集会中的几个参加者怀疑他们是不是来错了地方。那次经历在破坏和仁慈方面给我上了几堂重要的课。

作为会议组织者，我们召集了83位形形色色的讲故事的人，有作家、活动家、未来主义者、视觉艺术家、学者、音乐家、纪录片制作人、广告人、慈善家等，他们塑造了一个“故事的场域”（story field）——那些有意识或无意识的文化叙事描述了我们如何共同定制了自己的生活。我们讲述的故事，我们穿的衣服，我们对财富、领导力或社区产生的各种假设，构成了这个故事场域的方方面面。集会期间，几乎每个人都受到某件事的打扰。平常见不到的一些张力浮出水面：男性/女性、有色人种/白种人、土著文化/西方文化、年轻人/老年人。然而，多亏了这个流程和当时负责主持控场的团队，这次经历引发了大多数人的好奇心，而没有造成两极分化，并由此产生了人与人之间深层次的联结。当差异浮出水面时，人们说出了自己的焦虑、恐惧或痛苦。一位人类学家讲了一个毛利人的故事，打算把它作为神圣的祭品；一位土著妇女表达了她对故事被他人盗用的愤怒。她的愤怒开启了一场关于版权的对话，不同文化认为什么是神圣的，以及这对跨文化意味着什么。对讲故事的人和表示反对的女人表达的同理心，和他们彼此之间表达的同理心，使他们投入当下，彼此联结，也将他们与那些目睹这次交流的人联结在一起。

大多数人离开会议时，都理解了这一点，西方文化看似单一的叙事实际上是基于种族、年龄、性别、亚文化、阶级和生活经历的许多故事、许多不同的体验。正如一名与会者所说：

2007年，我来到“故事的场域”追踪资本主义及其给生态带来的副作用，希望离开时可以收获一些关于向可持续人类文明过渡的想法和灵感。一到那里，多样性和社会公益问题就引起了我的注意。我离开时带走的收获大部分都是掺着泪水的——经常意外地感动落泪。到目前为止，我对社会公益问题的态度可以概括为：我全力支持，但这不是我的事业，也不是我的热情所在。我见过社会公益活动家精疲力竭，致力于可持续性的工作对我而言似乎是很大的挑战。

我很清楚的一点是，不能把公益的工作留给别人去做。如果我们不能更多地关注社会公益，就不能深入地探讨可持续发展议题。当我们开始在对话中探讨多样性，并围绕多样性开展工作时，就可以更有效地解决可持续发展问题。

这样的反应很常见。会后调查显示，几乎每个与会者都觉得这次会议“令人脑洞大开，心潮澎湃”。许多人谈到，聆听会议里各种不同的声音，可以对自己所处的世界和这个世界里不同人之间的关系，获得一种更复杂的理解。

然而，集会结束后，一位男士在会议的论坛上写道：

我没有搞明白，80多个成年人正试图组织一场没有结构、没有引导的会议。这是一场灾难（以我的个人浅见）。但有些参与者似乎很喜欢它——好像日常生活还不够混乱似的。我已经投身商界30年，在商界，进步很容易衡量，也需要仔细规划。在一个公司里，一个糟糕的会议和一个好的会议之间的区别是什么，对房间里每个人都是显而易见的。给我一个结构化的流程吧！让每个人都知道发生了什么，而且每个人都同意遵守一些基本规则。

对他来说，我们大多数人都好像喝了有毒饮料。然而，他的信息似乎是在请求人们帮助他理解错过了什么。他的坦诚吸引了其他人充满仁慈的回应。

积极主动的人经常有自我怀疑的体验。那些没有从集会中获益的人也会有如此体验，如在会议的论坛上留言的那个人。尽管如此，他们仍发挥了重要的作用。对某项活动而言，他们的声音可能很有影响力，因为他们在当前体制里获得的成功会吸引其他人，而那个经历可能会改变那些人。在旧约故事中，摩西带领以色列人在沙漠中走了40年。在那段时间里，经历过奴隶制的那一代人消失了，摩西从未踏足应许之地。我想起了一个主日学校的解释：他是另一个时代的人，应许之地没有向他开放；但如果没有他，没人能过上新生活。由此，我们来看看最后一个陷阱是什么。

陷阱6：死亡或者丧失通常是混在一起的

没有死亡，就没有出生的空间。如果一切都不会消亡，或者没有人会死，想想这世界会多么拥挤！死亡为某些新事物的出现打开了通路。如果没有恒星的死亡，就不会有行星。陨石撞击结束了恐龙统治地球的时代，由于恐龙的灭绝，小型哺乳动物幸存下来，这为人类的出现开辟了道路。

也许对死亡的恐惧，或者更广泛地说，对丧失的恐惧，是我们抗拒涌现式变革的最大原因。丧失带来悲伤。虽然死亡终究注定会发生，但如果可以避免，那么很少有人会选择去经历这种情感冲击。因此，我们发明了一些策略，掩盖干扰性事件的根本原因，而这也许无意中会让一个系统走向终结。

仅仅因为死亡对生命而言非常重要，并不会让死亡变得简单起来。美国报业目前的崩溃，在崩溃发生之前很久就露出了端倪。20世纪40年代末以来，读者数量一直在下降，主要原因被归咎于电视的兴起。为了遏制颓势，出版商们首先听取了他们的主要收入来源——广告商的需求。到20世纪70年代和80年代，许多报纸做出了一个战略决定，重点关注那些对广告商最有吸引力的读者——那些有购买力的人。当我们的主要身份变成消费者时，报纸存在的根本目的，即确保我们拥有作为公民所需的信息开始变得模糊。发行量也大幅下降。[①] 如果我们对干扰（如外界的声音）关上大门，就会非常容易地做出加速我们自身灭亡的选择。虽然有些人可能会心生伤悲，但当一个系统不再满足其服务对象的需求时，它的死亡便为新的选择打开了通路。许多新闻业的替代品正在回归新闻业的核心目的：给我们提供维护自由和自治所需的新闻和信息。

正如报纸所发现的，否认干扰会导致丧失或死亡。如果没有得到充分的处理，破坏就会以一种有趣的方式变得更加极端。最终，我们被迫采取行动，承认一切正常的日子过去了。我们尽管为丧失

---

① *The State of the News Media 2004*：*An Annual Report on American Journalism*，新闻业卓越计划 Project for Excellence in Journalism，www.stateofthemedia.org/2004/narrative_ newspapers_audience.asp？ cat=3&media=2.

的东西表示哀悼，也很好地放下了过去传承下来的运作规则，承认我们不知道该做什么。我们甚至可以寻求帮助。

我们正处于一个特殊的时刻。通过放下过去的事情打开了与涌现共舞的通路。怎样才能在乱局中发现潜能，克服对丧失或死亡的恐惧？第二部分提供了一些实践方法，帮助我们面对挑战。

第二部分

与涌现共舞的方法

我不害怕暴风雨，在暴风雨中，我学习如何驾船乘风破浪。

——《小妇人》(*Little Women*)，美国女作家

路易莎·梅·奥尔科特（Louisa May Alcott）

每种方法都是通过不断学习和实验打磨出来的技能。每位运动员或艺术家都知道，技能和艺术的提升需要纪律。

与涌现共舞的各种方法都源自日常对话的技巧，因此我们都知道一些，这些技巧是我们与生俱来的。

我在本书这部分强调的这些方法经常出现于我自己采用过和研究过的涌现式变革流程中。当问题很复杂，风险很高，各种情绪蓄势待发时，这些做法有助于我们实现与涌现共舞。

因为开展涌现式变革并没有既定步骤可循，所以这些方法并没有唯一正确的使用方式，因此，第二部分不是一个指导手册。虽然这些方法不会告诉你具体要做什么，但它们会告诉你如何处理不同的情况，帮助我们确定要注意什么，探索什么，尝试什么。这些都是很有用的提示，让我们可以审时度势，见机行事。

就像音阶训练可以帮助一个音乐家，训练一个运动员需要一遍遍练习，这些方法让我们做好准备，应对那些包含破坏、差异和未知的挑战性对话。这些方法是即兴对话的支柱，使我们即使不知道正在走的道路具体是什么样的，也能保持心流状态。磨炼这些对话技巧也是我们与涌现共舞的方式。

偶尔，我会说得好像一种方法比实际情况更扎实、更有规划似的，但我现在要警告你：别相信这样的说法。我们正在越来越多地了解如何与涌现共舞。听了我说的话，自己去试一试这些方法，尽可能谦虚地尝试并分享你学到的东西（即便是谦虚中带着兴奋）。这就是我尽力在做的。

我将这些方法分为五组：

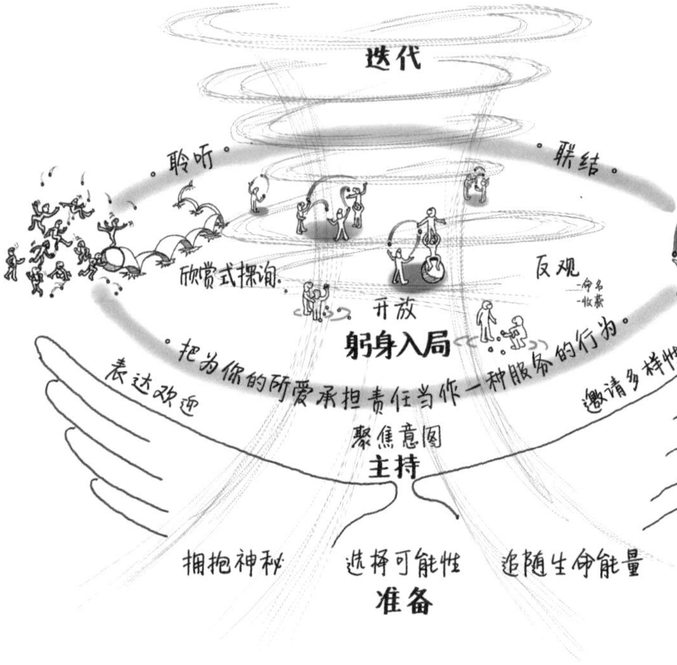

与涌现共舞的方法[①]

向前一步

把为你的所爱承担责任当作一种服务的行为。这种方法是一种改变游戏规则的参与技能，解放了我们的心灵、思想和精神，要求我们将自己的独特天赋用于自己、他人以及对我们而言重要的各个系统。这种方法成为我们的操作规范的机会越多，创新、快乐、团结、慷慨和其他幸福品质显现的次数就越多。通过应用这种方法，**聆听**和**联结**的能力会越来越强。

① 插图作者是 Steven Wright，steven@wrightmarks.com.

准备

拥抱神秘，选择可能性，追随生命能量。这样的方法有助于培养一种沉稳的心态，对生命的活力和潜能保持敏感，使我们能够平静甚至愉快地面对发生的一切。

主持

聚焦意图和表达欢迎是做一个好的主持人需要具备的技巧。这些技巧会创造不同的“容器”，即让人感觉宾至如归的空间，可以接纳任何事情发生。这些技巧也说明主持人的角色需要刚柔并济、阴阳平衡：一方面强调明确的方向和目的；另一方面要确保有优渥的环境支持人们发展关系和联结。

邀请多样性鼓励我们跳出自己的习惯定义来看谁和什么组成一个系统，通过让持有不同信仰和运作假设的人们有更多的可能性建立富有成效的**联结**，从而使我们为开展创新做好准备。邀请多样性是与涌现共舞过程中最耗时、最具挑战，也是最关键的活动之一。

躬身入局

欣赏式探询是第二种改变游戏的技能。我们提出什么问题决定了我们会发现什么答案，继而塑造我们的经验、行动和结果。通常情况下，探询越积极，产出的结果就越鼓舞人心。

向未知保持**开放**。这个方法是关乎信心的一种行为。一旦敞开心扉，我们就回不到原来的状态了。这可能是各种方法中反主流文化最强烈的一种方法，需要有展示脆弱的勇气。

反观、命名、收获可能都是神圣的行为。这些行为会唤起以前不存在的东西。各种艺术（音乐、舞蹈、绘画、雕塑、诗歌、电影）常常会增强这些方法的效能，扩大影响范围。

迭代

这种方法提醒我们，变化的本质是永无止境的，需要时间和毅力来让变革留下印迹。因为我们的注意力往往陷入日常事务中，所以这是这些方法里最令人难以捉摸的一种。

每种方法都通过一个故事进行讨论和说明。我还在书里提供了使用这些方法的窍门。所以，我们开始吧！通过为我们的所爱承担责任，向前一步，与涌现共舞。

第3章

向前一步
为你的所爱承担责任

真正负责任的爱，也是真正自由的爱。

——《跨越希望的门槛》(*Crossing the Threshold of Hope*)，

教皇约翰·保罗二世(Pope John Paul II)

为你的所爱承担责任，或者说得更明确一些，把为你的所爱承担责任当作一种服务的行为，这种基于激情采取行动的方法会让我们得到解放——只要我们的这些热情能够给我们更大的助益。因为不知道我们之间的哪些互动会成就改变，所以这一方法为我们指明了一个充满希望的源头，给我们指导。我认为这一点是这些方法的核心所在，如果我们每天践行这一点，一切都可能随之改变。这一点也为情境式领导力开辟了道路。我们不再需要等待正式的领导者或引导者宣布一项倡议或提出一个好问题，任何人都可以这么做，方法就是把为我们的所爱承担责任当作一种服务的行为。如果我们主动邀请人们这样做，人们往往会积极响应。一开始，场面可能会比较混乱，因为我们大多数人还没有准备好为自己承担责任。然而，一而再、再而三地，背景各异的人们发出内心的声音，指导自己采取负责任的行动。在这样做的过程中，他们会发现自己与自己、自己与他人、自己与更大的整体之间的联结。

本章探讨了“把为你的所爱承担责任当作一种服务的行为”这个理念，还讨论了为所爱承担责任往往会发展出来的两种能力：联结与聆听。与第二部分中谈及不同方法的其他章节一样，本章将讨论为所爱承担责任这个方法，讲述一个故事，并分享一些应用经验。

如何利用我们之间的异同让改变发生？

通过追求对我们个人而言重要的东西，我们经常会发现大家的需求和渴望中有很多共同点。然而，很少有人追随自己的热情所在！我们大多数人受到这样的教导，追求自己的所爱是自私的。因此，我们抛开那些让自己与众不同的独特之处，为了共同的利益而牺牲自我。实际上，这样的选择往往导致有些人变得既缺乏满足感又不快乐，这些人会偷偷地把怨恨发泄在别人身上。相反，当我们拥抱自己所爱，更深层的意义就会取代小我而发挥作用，从而使我们和某些普适的东西建立联结。

想想这个观念的力量：关注我们的所爱。这样的想法让我们可以自由地以自己认为合适的方式交流，充分表达自己的个性，挑战自己、成长为最好的自己，提醒我们去感受内心，把我们的激情和能力放在首要位置，不管发生什么，都要负责任地运用我们的激情和能力。上次我们得到邀请可以这么做是什么时候？要做到这一点，我们就必须认清自己爱的是什么，并以自爱来为之努力。这些品质会帮助我们实现与涌现共舞。

我们发现，出于关心而采取负责任的行动，既满足了个人的需求，也满足了集体的需求。事实上，这个发现是一个成功的标志。当个体和集体实现双赢，更高秩序层面的连贯性就出现了。我们的独特性，最初可能会造成破坏，但之后会对整个社区作出创造性的贡献。

另一个有悖直觉的事情是：保持我们的个性是自私的行为。我们许多人都有一个不言而喻的观念，认为如果想要有归属感，就必须听话照做。要改变这种我们文化里根深蒂固的观念，可以从把为你的所爱承担责任当作一种服务的行为开始。当我们追随对自己而言很重要的能量时，我们的独特性会赋予我们创造的潜力。一次又一次，当人们发出自己的声音，连贯性就会意外出现，而且充满创意。正如下面这个来自“重要新闻”活动的故事显示，当人们发出自己的声音时，气氛变得更加融洽。

2007 年，“重要新闻”在华盛顿召开了一次大会。开幕式上，一位从业 30 多年的老记者表达了对“公民新闻”现状的不满。整个会议期间，专业记者和“业余记者”之间多次展开激烈对话。闭幕式上，还是那位记者，以同样的热情告诉我们，这些鲜活的对话揭示了专业记者和“认真的业余记者”之间的主要区别。区别在于：①谁得到报酬；②专业记者报道他人的故事，公民分享自己的故事。

一位脾气暴躁的记者真诚而热情地提高了发言的水准。他决心要发现什么可以区分专业记者和业余记者。他帮助我们所有人理解了改变关系的一个简单洞见，因为他敢于说出对他而言真实的东西。他帮助在场的每个人体验到带着创意全身心投入的丰富性。

这个方法还教了我们一课：如果我们对正在发生的事情不再感兴趣，就起身离开。如果我们出于义务待在某个地方，即使我们身处其中，可能除了身体，其他方面都缺席。如果我们的头脑已经离场，与其出于礼貌留在那里，还不如抽身离开。

把为你的所爱承担责任当作一种服务的行为，这是一种伟大的生活方式。下次，当你注意到自己的某个行为是出于义务，就试一试这个方法。也许你并不想参加梅布尔姨妈的家庭晚餐。此时，可以想想对你而言什么是重要的？ 也许当你思考这个问题的时候，家庭的感觉值得你去思考什么时候结婚，还是不结婚。你自己做选择。如果你决定去梅布尔姨妈家，你的态度肯定会有所不同。

超越个人的需求，照顾集体的需求，这是在践行把为你的所爱承担责任当作一种服务的行为 。例如，如果陪伴我们长大的那条河流受到污染，这件事就会促使我们采取行动。关心公共利益——无论是土地、组织，还是我们之间的关系，这些是践行这个方法的一个关键方面。

我一直在努力寻找一个字数更少的短语，表达“把为你的所爱承担责任当作一种服务的行为”这个意思，现在我已经放弃努力了。这个短语揭示了参与和积极采取行动的本质。直到我们对这个想法有了一些实践，不用以整个短语来提醒自己，我们可能还是会待在原位，等待别人采取行动。

把为你的所爱承担责任当作一种服务的行为的窍门

这个简单而激进的观点让我们获得解放，要针对最重要的事情采取行动。注意：这是有传染性的。

倾听内心的指引。问问自己，对你自己而言重要的是什么。从本质上发现什么会让你觉得有意义。想想你的生活中那些“应该做的事情”。如果那些事情没有什么更深层的意义，就放手让它们去吧。做那些能给你带来快乐的事，相信它能服务于更大的利益。

支持对你而言重要的事情。学习如何有效地破坏。如果你在破坏的时候是心怀仁慈的，那么即使你在做不受欢迎的事情，也可以让别人听到你的声音。

学习，贡献，玩得开心，或者离开。注意你的能量。如果你对正在发生的事情毫无反应，就帮大家一个忙——心怀尊重地离场。

慷慨大方。当我们给自己空间去追随自己的激情，我们内在的富足感就会苏醒。与此同时，尊重他人的空间也有助于自己实现更充分的成长。

大多数正式会议的引导都会对与会者的参与进行结构化设计。每个人都在同一时间关注同样的议题。也许某些情况下，这样的安排是有用的，但是只有当人们在服务的同时也追随自己的激情时，最有创造性、充满活力、人们最愿意支持的结果才会出现，这能帮助那些有共同愿望的人发现彼此。真相往往隐藏在愤怒、恐惧、悲伤当中；富有创意的创新发生时，人们快乐无比。我们找到共同的目标，发现更深层的自我意识，一个更人性化的“他人”，并感觉自己是某种更伟大的事物的一部分。

当我们追求对自己而言很重要的事情时，两种能力会得到发展：聆听与联结。

聆听：广泛而深刻地感知，以自律见证

我们如何更充分地了解彼此，了解我们的环境？

聆听可以培养一种整体感，有助于我们发现差异和联系，发现什么是我们理解的，什么让我们感到很神秘。通过练习，我们不仅可以用耳朵聆听，还可以用所有的感官聆听，包括用心和直觉来聆听。科技让我们可以得到一切，从骨骼到脑电波，帮助我们放大各种能力，感知那些更大的模式。

有些结构，如那些支持涌现式变革的流程提供的一些结构，使人们更容易听见彼此。特别是在发生冲突的情况下，当我们知道将有机会谈论对自己重要的事情时，我们在聆听方面会变得更加慷慨。也许别人说的一些话有助于我们开展工作。从本质上说，有用的结构提供了空间，我们知道有被听见的空间，就会敞开心扉，敞开头脑。

聆听也可以帮我们发展自律，让我们更有能力在与差异共处的同时，保持与他人的联系。通过练习，我们学会了调整自己的反应，让我们更有能力去见证，而不需要去评判、修正、责备、纠正、鼓掌、欢呼、喊叫、说或做任何其他事情。我们总会有时间把这些事情全都做到，这一点确定无疑。

知道你可以选择自己的回应，不是很好吗？我们聆听的质量会

改变对话。没有人可以靠自己找到这个过程产生的意义。

不带评判地聆听，心怀仁慈地聆听。我们大多数人把分歧当作辩论的理由，想说服别人相信自己是对的。聆听有时成为一种发现机会攻击他人的策略，而不是成为一种更充分理解他人的手段。第一次发现智慧圈流程（Circle Process）时，我发现这种方法可以激发深层的表达和聆听。我发现每当我不同意某件事时，有一个提问的方法总能很好地帮助我。我会说："这个观点很有意思。请和我多说一些。"随后我收到的回应总是把我更深地带入另一个世界。当我和自己过不去时，这个提问也很有效，可以帮我发现自己持有哪些更深层的假设，哪些假设是自相矛盾的。

聆听有时能带来颠覆性的改变，关于这一点，我特别喜欢一个来自我的长期学习伙伴马克·琼斯的故事。他开发了一种称之为"嘶嘶声"（HSLing，三个英文单词的首字母合成的一个词）的练习——听见（Hearing）、看见（Seeing）、爱（Loving）。在一个性命攸关的情况下，他把聆听的重要性上升到了一个崭新的层面。愿意深度聆听，情况由此发生了彻底改变。

2001 年夏天，我在新奥尔良市生活和工作。每个星期六的早上，我都在一个僻静的小公园里练习弹奏古典吉他。我很少在小公园里见到其他人。一个星期六的早上，我听到公园另一边传来一些让人感觉咄咄逼人的声音。声音越来越大，六个年轻白人男子从树林里走出来，并朝我走过来。我小心翼翼地观察他们，因为我听到他们正使用带有强烈种族歧视意味的语言谈论着我。显然他们认为我是非裔美国人（我确实如此）。他们扬言即便不干脆杀了我，也要把我痛打一顿，让我受重伤。

他们离我更近了，我估计他们的年龄在22到27岁之间，而且看起来都很健壮。我把吉他放在一边，慢慢地站了起来（我本人的体型也很高大健壮）。当距离我还有8英尺（约2.4米）远的时候，他们开始散开来包围我。

我平静地说："不要那样做。"然后保持非常平静。我的脑海里有两个不同的声音在呐喊。其中一个声音说，我需要做好准备，被杀或杀人，或者二者都发生；另一个声音说，我必须找到一个和平又富有创意的解决方案，因为每个人都想要，也都需要被听见、被看见、被爱。

这些年轻人告诉我，他们是一伙人，志同道合，都觉得我的存在触犯了他们的神经，也冒犯了他们的上帝。几个星期以来，他们每周六都监视着我的表现，认定伤害我就能给别人实实在在地上一堂课，让大家尊重别人的地盘，要守规矩。他们准备扑上来了。

我转过身，面对这群人中"话最多"的那个人。我已经确认他是这个小团伙的头儿，如果我决定做出激烈的反应，他就是我还击的目标。我用一种友好而饶有兴趣的语气请他告诉我他自己的故事，说说他为什么要伤害我，我如何冒犯了他。我告诉他，不管这一天的结果如何，我认为很重要的一件事是理解他、理解他的生活、理解他的痛苦、理解他的挫折和梦想。

接下来的45分钟，他和他的同伙向我讲述了他们的梦想和抱负，他们的价值观、信仰、规范、宣言、行为、重要条件和导致他们走到此刻的那些经历。这是一次有力而丰富的对话。我天赋异禀，对他们的状况和条件有许多洞察，我以前都没有意识到自己这么有洞察力。他们也了解了我的一些事情。他们对我的事情非常好奇，也觉得特别有趣。我问他们是否觉得我听到了他们的声音。他们说是的，并对这次机会表示感谢。我问他们是否觉得认识我了，他们说是的。

然后我问他们："现在怎么办？"六双低垂的眼睛和一个声音说："我今天要是没来就太糟糕了。"他们其实可以把我杀掉。

我告诉他们，我下周六还会来，我想知道下周六我来的时候，他们会不会杀了我。那个小头目说："是的，我们会杀了你，但我不想杀你。可是我们必须这么做。"他的三个同伙脸色发白地说自己不会和他一起来杀我。

那个小头目叫我不要再出现在小公园里。我问他，根据他对我的了解，我会怎么做？他说我还是会出现的。我问他要做什么。他大笑起来，说他会给我答复的。

下一个周六，我的确又出现在那个小公园里，而且之后大多数的周六，我都会去那里，除非天气不允许我这么做。我再也没见过那群年轻人，但我学到了重要的一课，那就是人们首先需要被听见，才能被看见。可能就是这一课救了我的命。

像所有的哺乳动物一样，我们的内在需要归属感，成为一个有连贯性的整体——一个家庭、一个工作场所和一个国家的一部分。马克的故事深刻地表明了这一点，经常激烈地坚持一种身份会造成一些干扰，让我们发生分裂。一种肤色压迫另一种肤色，国家对抗国家，宗教排斥宗教。即使是在拥有一个共享身份的群体里面，我们也忘记了这一点：我们对自己所爱之人或事表达愤怒或沮丧的情绪，不仅是可能发生的行为，也是有益健康的行为。马克的故事就是在尝试一种可能性。意想不到的创意邂逅可以导致更深的联结，可以带来更复杂的连贯性，形成一个**参差百态的整体**（differentiated wholeness）。换句话说，我们彼此的差异有利于形成一种团结的精神，发扬这种精神，我们这个整体的力量会大于各部分之总和。

聆听的窍门

聆听，通过所有的感官，我们获得信息，这使我们能够参与交流。

不带评判地聆听。请务必注意你的回应，用你的回应来更充分地理解对方。例如，如果听到的内容让你感到震惊，与其被动反应，不如提出一个问题，帮助你获得更充分的理解。

不只用耳朵聆听。我们可以通过所有的感官——眼、耳、鼻、舌、手、足、身等，以及那些能拓展我们感官的技术来聆听。在获取信息、寻找模式、创造意义方面，我们自身就是非常好的工具。

确认你的理解。重复你听到的内容，并询问你听到的内容是否正确。开始的时候，你需要多次尝试才能让别人感到被你理解。

加入“嘶嘶声”实验。听见每个人、看见每个人、爱每个人，你也要这样对待自己。

聆听常常使我们与他人产生共鸣，帮助我们发现彼此之间的联结，发现自己与环境之间的联结。

联结：弥合差异，与他人建立联系

我们如何将自己和自己的想法与那些和自己相似或不同的人联系起来？

令人惊讶的是，当持不同观点的人创造性地发生互动时，相似的想法会一次又一次地出现。我们发现，对个人最有意义的东西往往具有普遍意义。更重要的是，我们发现自己并不孤单，而是某个更大整体的一部分。当我们体验到这个发现，有些东西就发生了改变。"我"将自己视为更大的"我们"的一部分。在这个"我"和"我们"的联姻中，另一种东西出现了。我们不仅与彼此相关，也与整体相关。一个社会系统、一个社区，应运而生。它有自己的身份，不同于其中那些个体的身份。我们也是社区的一部分。我们共享一个故事，拥有共同的意图。因为我们知道，本质上我们想要的是相同的东西，我们的差异不再是障碍，而成为充满创意的途径，让我们可以收获意想不到的创新，其中包含了对我们每个人和所有人而言都至关重要的东西。我们聆听彼此的能力和愿望都越来越强。

这里有一个关于联结的故事，是通过**未来探索**（Future Search）的方法实现的，未来探索的方法有可能让一个组织或社区的行动能力在一次会议中就发生了改变。当"整个系统存在于一个房间"（就像这个组织或社区的横截面），人们就产生了一个共享愿景、一个实施计划，以及对行动的高度承诺——这一切就发生在不到三天的时间里。（关于未来探索的描述，请参阅"涌现式变革流程方法概览"）未来探索网络的联合创始人桑德拉·简诺夫提供了一个例子，说明了即便在传统组织中，当条件有利于联结发生时，可能会发生什么。

在美国联邦航空管理局（U.S. Federal Aviation Administration，FAA）开展的一次“未来探索”活动中，来自不同领域的系统用户、监管机构和技术专家齐聚一堂，讨论两个问题：航空领域过度拥挤几成定局，以及可能发生的空中交通堵塞。由于以往体验过很多次令人沮丧的会议，这些人满腹嘲讽地走进会议室。

改变空中交通管理方式可能会给他们所有人带来痛苦，他们会愿意开展协作吗？在共同努力的过程中，他们意识到未来航空领域的领导力就体现在这个房间里。最后，其中一个与会者说：“我们不能再推卸责任了。我们就是系统本身。如果我们没有承诺，没有主人翁意识，谁会有呢？我们必须做出改变，分担痛苦。”

他们接下来着手解决“先到先得”这个常规问题，创建了一个新的问责系统，基于整个系统的数据，缓解每天的交通拥堵。责任由大家共同承担。

正如这个故事提及的，当人们发现自己就是那个系统时，一切都改变了。他们不仅能够行动，而且渴望采取行动，即使工作对他们来说富有挑战。

建立联结的窍门

当我们能充分表达自己，知道这样做会有助于成就更大的事情时，建立联结的效果是最好的。

做自己。虽然这个想法有悖直觉，但一个更大的整体是由我们的独特性汇聚而成的。如果不充分展示自我，我们怎么能发现那个更大的整体呢？

聆听深层含义。通常，我们针对如何做成某事会有不同意见。我们需要关注背后的东西，了解为什么这件事很重要。当我们相互理解，我们经常会发现共享价值观，从而就会愿意克服分歧，继续一起努力。事实上，我们之间的差异会成为富有创意的资源。

寻找共同点。与其关注我们之间的差异，不如关注什么会让我们团结在一起，这个方法为集体行动奠定了基础。

把为我们的所爱承担责任当作一种服务的行为，以及这个行为表现出来的仁慈、聆听和联结，都是基本的生存技能，为人们之间可以发生的所有互动奠定了非常好的基础，更为人们准备与涌现共舞创造了条件。

第4章

准备
培养与涌现共舞的态度

定义我们的，不是我们知道什么，而是我们愿意学习什么。

——《好学上进》（*Willing to Learn*），美国老龄化学者玛丽·凯瑟琳·贝特森（Mary Catherine Bateson）

涌现充满了不确定性。面对未知的能力越强，我们就越能更好地与涌现共舞，并携他人同行。

为了与干扰共舞，我们如何武装自己？

三种方法——拥抱神秘、选择可能性和追随生命能量——特别有用，值得尝试。本章将分别探讨这三种方法。

拥抱神秘：寻找未知中隐藏的礼物

怎样才能接纳未知?

也许，如果我们知道混乱是通向创造力和创新的大门，就有了一个理由去开放地迎接陌生事物。种子在肥沃黑暗的土壤中生根，涌现式变革也需要未知的黑暗来孕育。毕竟，如果我们知道结果是什么，也知道如何创造这些结果，理论上就不会出现任何意料之外的事情。即使知道这么做的价值，拥抱神秘、接纳未知还是需要勇气的。比丘尼佩玛·丘卓（Pema Chödrön）有力论述了这个理念："通过不知道、不希望知道、也不假装知道发生了什么，我们开始接触到自己的内在力量。"①

神秘感对我们的健康、幸福至关重要。没有未知，我们就学不到东西。学不到东西，我们的创造性冲动就得不到满足。没有创造力，生命就会黯然失色。在遭遇疾病、混乱、暴力、抑郁和其他令人不愉快的意外后果时，我们便会感受到这种丧失。

无论考虑得多么周密，我们都无法回避一个基本道理：整体中总是存在空洞。有些想法或群体总是会落在我们的参照系之外，而人们往往看不见这些想法或群体。因为未知总是存在的，我们最好追求卓越而不是追求完美。未知注定存在。我们越是坦然接受这一事实，就越能带着一种冒险精神进入未知。

虽然确定性也有很多优点，但我们越能自在从容地面对不确定性，就越能以谦卑的态度行事，以仁慈之心对待自己，也如此对待

---

① Pema Chödrön, *The Places That Scare You*: *A Guide to Fearlessness in Difficult Times*（《转逆境为喜悦：与恐惧共处的智慧》，Boston：Shambhala Publications，2007），159.

他人。这样的做法会让我们做好准备，在混乱失调中发现一些有用的特质。

如果不在已知和未知之间的边界地带玩耍，我们就阻碍了自己的进化之路。文化方面，我们庆祝完美——完美的活动表现，完美的音乐表演，生产的全面质量管理。庆祝完美是件好事。精湛的表演让我们备受鼓舞。我们当然不想以任何其他不完美的方式建造飞机、桥梁和汽车。

然而，神秘和完美总是如影随形。神秘是同样重要的，但神秘仍在为其合法性抗争。神秘只能生活在各种边缘地带，无形亦无名。那些即使是最好的发明，也起步于模糊不清、神秘莫测的探索。谈起发现，一位科学家说过，所有的实验起初都宛如在一片森林中漫步，你注意到各种各样的树木，最终发现这片森林自身的本质。《赋权》（*Empowerment*）一书的作者戴维·格森（David Gershon）将这种体验称为“成长的边缘”。[①]

美国国家惩教所（NIC）的克里斯·英尼斯（Chris Innes）接受了一项雄心勃勃的复杂任务：改造美国的惩教系统。他发现自己处于成长的边缘。他拥抱神秘，在这个以抗拒改变为传统的领域大胆地突破常规，以鼓舞人心的行动，带领一个传统的组织走上一个神秘而充满未知的新方向。他这样做，是因为他知道“无知者无畏”对完成任务至关重要。

研究了改变社会系统的各种策略之后，克里斯和其他美国国家惩教所的同事们选择采用涌现式变革的一些流程。他们决心去陌生

---

① David Gershon and Gail Straub, *Empowerment: The Art of Creating Your Life as You Want It* (New York: Dell Publishing, 1989), 12.

领域旅行。在授权他们开展这项工作的这个层级分明的组织里，他们的这个决定遇到了重重挑战。

机构的董事会因循传统问了很多合理的问题，如“你在做什么？”“你的目标是什么？”在上司的支持下，克里斯勇敢地给出非传统的回答。他说：“我们不知道，我们在摸着石头过河。如果有答案，我们为什么还要如此大费周章？”克里斯一边排除怀疑者的干扰，一边披荆斩棘开创前行的道路，与他一起工作的团队是个非常多样化的团队，他们一起在路上奋力前行，路径越来越清晰。

2008年，克里斯请来了开疆咨询公司（Keystone Group）的专家，这家公司有很多来自惩教领域的领导者，背景各异。他们向惩教所提出建议，如何改造惩教系统，可使其更公正、更有人情味，也更高效。在一个周末，20个人聚在一起，分享自己的故事，阐述为什么改变这个系统对自己很重要。利用开放空间技术，他们以自组织的方式探索自己关注的议题。人们表达了对现有机制的不满，并开始设想新的可能性。一个强有力的问题浮出水面，指导他们开始下一步的行动：“我们如何在八年内将监狱人口减少一半，同时维护好公共安全？”

没人预料到这个焦点议题会跑出来。这个议题脱胎于一群富有爱心、知识渊博、背景各异的人之间展开的各种交流互动，他们围绕着一个对自己很重要的问题齐聚在一个对所有人都有滋养的环境中。

克里斯、惩教所和开疆咨询公司还在持续工作。当他们的意图清楚了，为了实现目标，他们便努力寻求各种方法，在这个过程当中，神秘仍然是一个中心主题。

像克里斯这样的赞助方初次体验一个涌现式变革的过程时，他们常常在集会结束的前一天晚上无法安眠。他们在白天的工作中寻找答案的蛛丝马迹，但一无所获。我能听到他们心里在打鼓：“这些人有爱心，也有决心。我是否浪费了他们的金钱和时间？”然而，在会议结束时，意想不到的连贯性出现了，就像开疆咨询公司提出的那个问题后来发生的那样，大家激动地宣称：“我从没想到会收获这个伟大成果！”

我们不需要成为一个涌现式变革过程的一部分才能做到拥抱神秘。事实上，我们身边总是充满了神秘。接受神秘的存在，我们便打开了与涌现共舞的通路。

拥抱神秘的窍门

拥抱神秘不算是一种行动，而是一种存在状态。

保持好奇。好奇心是一种求知的欲望、学习的欲望，是向未知保持开放的态度。

澄清意图。除非你看到价值所在，否则何必自找麻烦？意图、目的就像指南针，在你穿越荒野的过程中为你指明方向。

邀请那些在乎此事的人。不同的人会注意到一种情况的不同方面。有了共同的意图，有了更多的眼睛、耳朵、心灵和头脑，发现宝石的机会就增加了。

培养平和的心态。在暴风雨中保持镇定的人更有可能幸存下来，并让其他人一同获救。个人的训练——跑步，每天表达认可，学习一门艺术，定期做冥想，这些方法都可以培养人们面对未知的能力。

拥抱神秘宛如开启了发现宝藏的道路，而选择可能性照亮了各种光明前景。

选择可能性：呼唤“可能是什么”

我们想要更多的是什么？

马克·吐温曾说：“当你的想象力失焦时，你就不能依靠自己的眼睛了。”[①] 当人们告诉我们他们不想要什么，他们反对什么时，那是一个心怀仁慈地提出这个问题的好时机：“你想要什么？”如果这个问题难住了他们，或许他们可以描述某件事奏效时是什么样子。

社会经常暗示或鼓励我们去关注有什么东西坏了，为什么我们做不到，哪里出了问题。我们也养成了一些强化这种思维模式的习惯。我们告诉自己不够优秀，不够聪明，不够坚强。通过提出一些关注可能性的问题，我们可以转移自己的注意力，并开始打破这些习惯。我们想要什么？什么让我们兴奋，并且让我们觉得有意义？我们能带来什么改变？这样的问题邀请我们放飞梦想，振作精神，发现我们不同的天赋，靠近那些能给我们带来灵感的事物。要培养注意力的新习惯，我们需要下定决心，不断练习。

美国南加州大学（University of Southern California）安内伯格新闻学院（Annenberg School of Journalism）院长日内瓦·奥弗霍尔泽（Geneva Overholser）就下过这样的决心。在2006年“重要新闻”的一次集会上，她在做自我介绍时说道：

---

① Mark Twain, *A Connecticut Yankee in King Arthur's Court*（New York: Harper & Brothers, 1917）, 439.

我曾经灰心丧气。几年前，我下定决心寻找希望。当你向可能性敞开自己，你就会愿意体验以前没有体验过的东西。

在做出选择之后，日内瓦发现了很多例子来强化自己的新观点。她的故事表明：无论在什么情况下，我们如何看待自己的处境，都取决于自己。

选择可能性并不意味着忽视问题。忽视问题只会导致问题出现在其他地方，造成更大的破坏。相反，当我们从想要创造什么这个视角来看待问题时，我们与问题的关系就发生了改变。

通常在处理问题时，我们会主要从以下两个角度问自己：问题是什么？我们如何解决问题？这个方法包含一个隐含的定义，定义了一切正常时的条件是什么样的。我们专注于将情况恢复到过去的状态（或想象出来的过去状态）。想想希腊神话中那个受到诅咒的国王西西弗斯（Sisyphus），他要把一块巨石滚上山，结果却眼睁睁地看着巨石从山上一次次滚下来。他要完成的这个任务呼应了解决问题需要这些能量：努力工作、严格自律，而且往往毫无乐趣可言。更糟糕的是，我们能得到的最好结果就是回到过去的某种状态。

相比之下，当提问被当成通往机遇的通路时，三个核心问题通常会为我们起到指导作用：有什么是奏效的？有什么是可能的？我们如何创造这个可能？这些问题调动了我们的积极性。更光明的未来吸引着我们。这些问题让我们愉快地参与其中，让可能性化虚为实。具有讽刺意味的是，这项工作可能比解决问题更难。但是因为注入了生命的能量，这种无形的品质吸引着我们，使我们充满活力、跃跃欲试。

选择可能性的窍门

就像拥抱神秘一样，选择可能性也是一种心态。

注意你的思维习惯和语言习惯。你的思维和语言是不是充斥着“不要”“不能”“不”“不是”“不可能”“问题是”这样的话？不要关注你不想要什么，转而关注你想要什么。

重塑思维，改变你的想法和语言。如果你在想“我不想要那个”或“问题是我们不够年轻/不够聪明/不够有创造力/不够强大”，问问自己“我想要什么？”或者“即便如此，还有什么可能呢？”

享受可能性。因为我知道我们往往被这些关注缺陷的语言包围，所以我尝试不断地在脑海中翻转思维。“州政府没有批准预算。”我就问自己：“怎样才能通过一项满足我们需求的预算？”当我们面对各种可能性时，充满创意的灵感就会源源不断。随着创造力的流动，我们会变得越来越积极正向。

要有耐心。现在的习惯是多年形成的。给自己一些时间，你会养成新的习惯。

招募你的朋友和同事。如果他人在关注你，你会觉得练习变得更容易，也更有趣。选择可能性是一个良性循环。和他人一起做会放大和加速实现这种良性效果。

追随生命能量：相信方向的深层来源

当我们不知道答案的时候，什么会指导我们？

生命能量令人难以捉摸，吸引着我们，让我们充满生机，生命能量虽然无影无形，但充满活力，是一种流动的能量，我们可以感知到它的存在。生命能量使所有的生命有机体鲜活灵动，存在于已知和未知的交汇处，激发我们去理解神秘。追随一种渴望的能量，活出这份能量，我们由此获得满足感。正如食物为我们的身体提供能量，生命能量滋养我们的灵魂。我们知道生命能量的存在，因为我们都曾看见兴奋、笑声和欢乐的爆发。人们是清醒的、鲜活的，对自己的情绪是有觉察的。他们愿意对自己和他人表现出仁慈。相反，焦虑、痛苦、不满是生命能量受阻的标志。无论是痛苦还是快乐，这些情绪真实存在，因为有人在乎。当我们不能追随自己的激情时，生命能量就会出问题，成为干扰的来源。欢迎剧变的发生，生命能量会得以释放，人们就可以追随生命能量与涌现共舞。

我的咨询伙伴田纳西·伍尔夫（Tenneson Woolf）分享了一个故事，说明了释放生命能量这样的事情本质上是具有传染性的。他向加拿大公务员联盟（Canadian Union of Public Employees，CUPE）介绍了一个名叫主持的艺术（Art of Hosting，AoH）的组织。这个全球性的实践者社群会整合使用各种促进参与的变革流程、方法、地图和规划工具，吸引不同团体与团队加入有意义的对话、有意而为的协作，以及促进共同利益的团体行动。（请参阅“涌现式变革流程方法概览”，了解主持的艺术和下文提到的其他流程方法）田纳西的这个故事讲述了如何创造宜人环境来释放能量，强调了生命能量创造的良性循环。

2008年年初，加拿大公务员联盟的劳工教育工作者正努力为会员提供支持，他们的工作环境因经济动荡而迅速变化。我们（包括四位联盟的教育工作者和三位主持的艺术方面的实践者）花了一天的时间来准备一个为期四天的战略规划会议，与会者共计30位。

会议开始的时候，我们使用了一个智慧圈流程做签到。人们分享故事，讲述是什么让自己充满激情地从事现在的工作，然后大家开始分头活动。在一个常见的主持的艺术模式中，从签到开始，我们就会引入应对混沌和复杂性的模型。然后，与会者就会投入不同的项目中，使用开放空间技术进行自组织。会议结束时，人们承诺会后落实这样一些工作：重新设计养老金教育项目，创造更多环保材料，创建新的学习型文化。

这些工作让与会者有被解放的感觉，释放了他们的生命能量！在推进自己的项目时，他们感到心满意足，快乐无比。一位看起来全神贯注的与会者告诉我，为了一个即将到来的工作坊，她每天利用早晚的时间做准备，已持续数日。我建议她把准备工作带进房间，邀请其他人加入。我们六七个人参加了一个耗时75分钟的“开放空间”分组会议，把90%的概念都弄清楚了。她从担心到希望，从紧张到轻松，受阻的生命能量重新流动起来。

这次会议带来的生命能量推动了加拿大公务员联盟开展一次工作坊，赋能当地工会领导人。那个工作坊后来扩展到加拿大的公务员联盟地区，也扩展到加拿大公务员联盟的联盟伙伴、加拿大劳工大会学习圈，后来还扩展到加拿大汽车工人协会，不列颠哥伦比亚省政府公务员工会、加拿大媒体协会。他们都接过了大旗，重新设计了各自的大会形式，采用了让与会者都能参与其中的方法和领导力方式。加拿大公务员联盟的员工和会员都在追随生命能量，正在开展各种新项目，把社区带到了一个新的高度。

当条件允许我们真实做自己的时候，人们会感到快乐，生命能量就会流动起来，且源源不绝。在严峻的现实背景下，田纳西的故事让生命能量及其在现实中推动变革的能力这些缥缈的概念化虚为实。

追随生命能量的窍门

启动所有的感官，感知能量的流动：那些能量令人感觉生机勃勃还是死气沉沉？

调频收听信号。我们大多数人对耳朵和眼睛的依赖程度很大。我们可以听到和看到欢笑、泪水和感知其他情绪。然而，我们还有许多其他方式来感知正在发生的事情。我们的身体、心灵和头脑以不同的形式提供信息。我们的胃会收缩吗？我们感到很暖心吗？有些事情是合乎理性还是符合直觉？注意能量在哪里受阻，在哪里流动。

支持能量的流动。如果你想参与，就发挥自己所有的天赋去充分参与。如果不想参与，就把路让开，让其他人继续前进。如果你坚信有更好的理由不该继续前进，就心怀仁慈地去制造干扰，开展互动，以扫清路障或结束活动。

关照边界。边界常常是生命能量受阻的地方。例如，组织的竖井（部门的王国）、国家的边界或身份的定义，这些边界创造了一个内在世界和一个外在世界。边界是有用的！边界勾勒出我们所在系统的边缘。边界只是需要人们的关注。可渗透的边界是柔性、灵活的边界，允许人们带着觉察进出边界。如果我们设计了进入和退出边界的方法，设计了改变一个系统的方法，那么能量的流动会更加顺畅。例如，如果有系统改进的流程，生命能量就会朝向服务生命的方向流动。

这些准备性练习能帮助我们面对任何问题。我们借此可以更好地吸引他人的参与，也做好主持涌现式变革的准备。

第5章

主持
培育与涌现共舞的条件

谈到未来，你的任务不是预见未来，而是让未来发生。

——《沙子的智慧》(*The Wisdom of the Sands*)，法国作家、飞行员安东尼·德·圣-埃克苏佩里（Antoine de Saint-Exupéry）

当破坏很严重、情况很复杂、情绪很激动时，我们需要改变策略来应对挑战。尽管“掌控”可能很吸引人，但“创造条件让某事自然发生”的策略取得成功的可能性更大。后一种方式需要我们具备一些品质，如谦虚、好奇心和让他人参与的意愿。我们通过拥抱神秘，选择可能性，追随生命能量来培养这些品质。这些品质让我们做好准备，迎接他人的到来。

如何管理发生在我们身边的事情?

与涌现共舞需要我们做主持人，创建一个“容器”，让创新可以发生于其中。一个好的容器有一个明确的目的，有一种欢迎的态度，并鼓励系统呈现多样性。明确的意图可以提供方向，激发目标感，而不需要定义具体产生的结果是什么。让人们感觉受欢迎的种种条件会鼓励人们坦率真实，积极参与。多样性确保某些事情会不期而至。

本章讨论了培养有效容器的三个主持的方法：聚焦意图、表达欢迎、邀请多样性。

聚焦意图：明确我们的使命

什么样的意图会激励我们采取行动?

大家都知道，敢为先锋的人总是很清楚自己的意图。庞塞·德莱昂（Ponce de León）要寻找青春之泉。沃森（Watson）和克里克（Crick）渴望揭开 DNA 的秘密。因为有一心一意的决心，所以先行者会排除其他一切，只关注召唤的本质，发出强有力的提问，让自己充满行动的勇气。障碍只是需要克服的挑战。

工作始于我们明确提出一个意图的那一刻。意图设定了方向，激发了使命感，启发人们想象新的可能性。定义目标或宗旨、创建使命或愿景的书籍数不胜数。最终，出于某种内在的召唤，我们开始行动。那个召唤唤醒了我们的头脑，也唤醒了我们的心灵。一个共享的未来图景会促使个人和集体展开与内在意图一致的行动。

为了发现共同的意愿，我们需要调频，聆听你自己的声音，聆听他人的声音，也聆听周边环境的声音。在你的内在，在你的周围，你感知到了什么？ 什么对你而言是重要的？弄清楚这些，你就会邀请其他人，尤其是那些和你不同的人参与进来。随着其他人的参与，意图会越来越深入，越来越清晰。我们需要提出一些可以引出自己内心最深层渴望的问题。当不同的群体形成时，涌现式变革会如何发生，你还记得吗？当我们互相聆听，我们各自的召唤就汇聚成为一个服务所有人的共享意愿。

我们要学会通过不断重温共享意愿来守护共享意愿。特别是在感觉受到挑战时，通过重新与我们的意愿联结，我们会重新回到共同的工作中。不执着于结果，我们就会很灵活，会发现许多实现意图的途径。我们要尊重彼此的个人使命，同时与我们的共享意愿保持联结。这样做，我们就更有可能找到适合我们所有人的答案。

干扰性事件，特别是危机，可以加速我们探求清晰意图的进程。2001 年 9 月 11 日，当纽约世界贸易中心的双子塔倒塌时，许多人和许多活动都明确或坚定了他们的目标。这个事件也激发了“重要新闻”的诞生。这件事帮助我们深入挖掘每个人在意这件事的原因，这些原因汇聚成一个对所有人都很重要的意图。

“重要新闻”在 2000 年创立，那时还没有这个名字。作为四位创始人之一，我们每个人都有不同的需求和动机。我们讨论新闻业的变化。随着我们对彼此了解得越来越多，一些最重要的方面开始浮出水面：服务公众利益的故事具有什么样的本质？当广告客户逐渐减少时，新闻业如何蓬勃发展？技术的变化将如何影响新闻业？

这样广泛的话题足以让我们保持交流。事实上，即将成为美联社主编协会（Associated Press Managing Editors，APME）四位总裁之一的克里斯·佩克（Chris Peck）邀请我们，在2001年10月举行的美联社主编协会全国大会上，应用开放空间流程主持一天的活动。

当我们为第一次会议做准备时，我们努力想给主持的会议一个名称，最终，我们选择了“拯救新闻业”。然后9·11事件发生了，离大会开幕只有五周时间。

9·11事件让我们关注工作中最重要的事情是什么。在那个重大的日子过了几个星期之后，我们见面确定了一些计划。我们每个人都说出什么事情是自己想和其他人一起做成的。我们意识到一个简单的事实：我们都致力于具有重要性的新闻工作。我们不仅命名了大会的那个环节，“重要新闻”这个名字也随之诞生了。这个名字不断指引着我们，提供了焦点，吸引了其他在意重要新闻的人，并不断激励我们展开新的想象：在媒体剧变过程中，具有重要性的新闻业是什么样子的。

清晰的意图可以激发生命能量。我们想要创造的形象越清晰，我们做出的每一个选择就越能反映我们关注的是什么。虽然在意图分散的情况下，一些正式的组织可以生存下来，但当他们有一个清晰的共享目标时，这些组织会达到最佳状态。对像“重要新闻”这样的力量（运动、网络、实践社区和种种非正式的活动）来说，清晰的意图就像黏合剂，将我们的多样性黏合成一个连贯的整体，使个人和集体都能采取更好地服务于我们的意图的行动。

聚焦意图的窍门

清晰的意图——一个理想未来的意象，会激发我们采取行动。

清晰的意图可以做到以下几点：

- 聚焦我们的工作
- 触动我们的心灵
- 释放我们的想象力
- 吸引人们的参与
- 拓展舒适区，悄声说出我们的梦想

在理想情况下，清晰的意图来自一个微观环境——反映大系统特点的一个子系统。

弄清楚什么对你是重要的。给自己安静的空间反思，聆听自己的内心。有些人会冥想，有些人会写日记，有些人会把话说出来（并不是为了寻求建议）。

邀请别人说出对他们来说什么是重要的。共享意图为信任与协作的良性循环提供了空间。当其他人参与时，欢迎他们带过来的东西。创造性地运用差异和张力来丰富清晰性和团体的连贯性。

清晰而轻松地抱持意图。区分理想结果的品质和这些结果的具体表现形式。即使你心目中已经有了一个具体的结果，也要对任何形式的出现保持开放的心态。例如，我们想要有重要性的新闻，可能许多媒体会介入、不同的融资模式会出现，甚至一些意想不到的玩家会参与进来。

不断回顾这些意图。随着情况的变化，随着其他人的参与，意图也在演变。如果僵化地坚持，意图就会失去生命力。当轻松把握意图时，不断进化的意图就像洋葱的一层层外皮，每一次进化都让我们更接近核心，接近更重要、更清晰的意图。

清晰的意图宛如激光，让我们的行动聚焦，可以改变世界。意图本身也会导致不幸。证明这个风险的一个经典案例是，欧洲探险者抵达美洲大陆时对土著居民实施了种族灭绝。而欢迎的态度则能提供一种柔缓的力量，这是主持取得好效果的一个重要因素。

表达欢迎：营造一个宾至如归的场域

我们如何为获得尽量好的结果培养条件？

虽然清晰的意图让我们专注，欢迎的态度确保我们会做到礼遇他人，但当一个多元化的群体从一开始就有归属感时，吸引他们参与就简单多了。

复杂系统科学家告诉我们，初始条件是促进涌现式变革发生的关键。① 欢迎的条件显示了一群吵闹的人和一个和平共处的圈子的差别。创建能支持创造性参与的容器，是为与涌现共舞创设的初始条件。你可以把一个场域或一个团体的能量称为“氛围”，虽然我们看不见它，但我们能感觉到它的存在。想想当你进入一个地方时，

---

① Michael Field and Martin Golubitsky，*Symmetry in Chaos*：*A Search for Pattern in Mathematics*，*Art and Nature*（Oxford：Oxford University Press，1992）.

那个提醒你该放松下来或是该提高警惕的小声音。

人群与观点的多样性越广泛，你就越希望深入地进入一个系统，一个健康的容器就越重要。让人感觉受欢迎的容器都基于清晰而聚焦的意图；让各种各样的相关人士参与进来，并认真选择能够更好地服务目标和参加者的方法与物理空间，[①] 我们会有意无意地受到暗示，知道自己应该暴露多少，我们愿意一起走多远。当环境支持我们表达在其他环境中可能被认为有破坏性的观点时，干扰的破坏性往往就小了很多。在受欢迎的场域，人们为自己的处境负责，要求引导者不要妨碍人们，也要求传统的领导者作为一个更大系统的一部分，作出相应的贡献。

培养一个伟大的容器，这有点像派对主持人的工作，也有点像舞台监督的工作，还有点像童子军训导员的工作，但实际上都不是。就像许多以人际关系为导向的技能一样，如果练习得好，那么技能的使用便不着痕迹。人们觉得把自己的方方面面都带来现场是受欢迎的，不仅是他们的思想，还有他们的感受、他们的能量、他们的承诺。他们知道自己为什么会来，知道期待的是什么，即使是遭遇意外的时候。他们能感觉到自己说什么、做什么是受欢迎的。一个让人感觉受欢迎的场域能够满足人们充分参与的各种需求，让人们可以分辨出这个房间是充满沉默的敌意还是充满希望的期待。

为工作创建一个容器和设置一个有用的议程，两者同样重要。如何清晰展现我们的意图？我们邀请谁参加？什么是受欢迎的？我

---

① Peggy Holman，Tom Devane and Steven Cady，*The Change Handbook*：*The Definitive Resource on Today's Best Methods for Engaging Whole Systems*，2nd ed.（《变革手册》第 2 版 San Francisco：Berrett-Koehler Publishers，2007，44）.

们需要分享哪些过去的事情？我们的梦想是什么？这个物理空间怎么样？这个物理空间传递了什么信息？这样的问题无穷无尽。我们能做的就是在任何情况下，尽力识别哪些方面是重要的。好消息是：我们错过的事情会以一个破坏性事件的形式出现，拥抱它，我们就能学习、调整并继续进化。

在西雅图大学组织系统更新项目的校友会议上，我曾做过一次主题演讲，谈到在建设让人们感觉受欢迎的空间方面做过的一个实验。会议的组织者和我希望了解物理空间在人们的体验中扮演了什么角色。

演讲主题是“变化的本质在变化：四次活动中开展的一个实验”。我们把房间分成四象限的样子，每个象限的椅子都有不一样的安排。第一个象限里是一个大圆圈。第二个象限里有一些咖啡桌，每个咖啡桌边有四个人的座位。第三个象限就像一个很随意的客厅，有舒适的椅子、枕头和地毯。最后一个象限里放了一排排椅子，就像一个教室一样。我在四个象限的中间。

谈话本身的互动性变得越来越强。我以一个简短的演讲开场，接下来是问答环节，然后进入了对话模式，人们在小组中讨论一个共同关心的议题，然后在整个团体中讨论。最后，我们花了一些时间让人们默默回顾、总结自己的体验，然后讨论物理空间在塑造体验方面的作用。

大圈子里的人喜欢成为整体里的一部分。咖啡桌的参与者陶醉于朋友的陪伴之中。客厅里的人懒洋洋地躺着，看不出他们对主题演讲有多少关注，也不清楚他们是否会在休息时离开这个空间！坐在一排排椅子区域的人们脾气都很暴躁，觉得自己受到约束，被孤立，并因为没有早点到场得到一个“好”位置而感到很沮丧。前三组的人根据自己想要的体验来选择座位，而坐在一排排椅子区域的人之所以坐在那里，是因为他们进来时没有其他的座位可选了。会议反响很热烈。项目主管告诉我，有几个人基于自己在那里的体验而报名入学。一周后，我与一名正在参加这个项目的学生进行了交谈。她说班上大多数人在会议期间都感到很失望。当我们探讨这两种截然不同的观点时，我们意识到，她的同学们都期待着周末课堂上的亲密静修体验，而那样一群各走各路的人，甚至那个主题演讲的基调，都和他们的期望相左。

那次会议的体验说明，要让人们感觉受欢迎，既要注意物理空间，也要注意一些微妙的细节。物理空间提示参与者如何与他人互动。与学生的谈话清楚地表明，知道谁会来参加以及他们的期待是很重要的。顺便说一句，参加那次会议的一名学生加入了次年这个会议的规划工作组。

表达欢迎的窍门

注意你发出的身体、情感、心理和精神方面的信息。

设置背景。我们需要什么来让自己做好准备吸引他人参与？一个很好的出发点是了解活动的目的，为什么这个目的很重要，谁会参与其中。历史也很重要。这个活动是怎么开始的？谁在主持？资金从何而来？因为如此多的因素可能都是活动背景的一部分，所以我们有时也会出错。要为此做好准备。当问题出现时，创造应对问题的方法。

关照那个空间。你要清楚了解自己想要营造什么样的氛围。你来创造一个物理空间，让那个空间告诉来参与活动的人们："你属于这里。"你要确保房间干净整洁。也许一个"欢迎"的标志或一些姓名帖会对你有帮助。注意情感空间和心理空间。例如，头脑和心灵在这个空间都是受欢迎的吗？既然我们无法预测所有的需求，就把随机应变的方法做到位。

想象你自己在接收端。什么让你感到受欢迎？考虑不同的人——他们的角色、背景、年龄和其他因素——站在他们的立场上思考。别人会有什么期待？如果他们是老人、年轻人、来自另一种文化的人、另一个领域的人，什么能传达我们好客的热情？

说"是的，而且……"，在此时此刻，我们欢迎发生的一切。不管我们喜不喜欢，意想不到的事情发生时，我们与之合作，便更有可能收获充满创意的产出。

清晰的意图和欢迎的态度尚不足以支撑我们与涌现共舞。我们需要人们的参与！

邀请多样性

我们如何能包容情境的真实复杂性？

邀请多样性会拓展我们的视野，加深我们对世界的理解。想想权力门外的抗议者，与其让他们以叫嚷的方式喊出他们希望传递的信息，何不邀请他们进入房间开展探索性的对话？虽然人们有时需要暴力或非暴力反抗才能受邀进来，但通过在一个系统中为不同的观点创造空间，我们便开通了与涌现创意共舞的道路。

我们如何决定邀请谁？答案很简单：在意的人。我们要让那些与发生的事情有利害关系的人参与进来。马文·维斯伯德（Marvin Weisbord）和桑德拉·简诺夫（Sandra Janoff）是“未来探索”的创始人，基于让整个系统进入房间的原则，他们在这个方面提供了有用的指导。他们说，邀请所有“身在局中”的人：那些有权威、有资源、有专长、有信息和有需求的人。①

邀请是主持活动过程中最耗时、通常也是最具挑战的一项工作，包括接受不熟悉的观点，愿意去不熟悉的地方，与不同于自己的人维护关系。

我的同事希瑟·蒂施拜因（Heather Tischbein）接受过这类挑战。那时她开始担任科罗拉多西坡一个环保组织的执行董事，那里是落基山脉石油和天然气钻探中心。接触“他人”时，经常需要应对挑战，展示坚韧，在这些方面，她都在以身作则。

希瑟的使命是去改变一个激进的活动者团体，使其成为这样一家组织：能够与能源公司和政府创造性地合作，并为该地区带来可行的解决方案。希瑟花了一年的时间接触那些保守的对手们，参加很多商会的会议，还去了她知道对手们会去的其他地方，却没有什么收获。他们不欢迎希瑟。她所在组织的陈年旧事告诉这些人，她不值得被信任。尽管如此，希瑟还是坚持了下来，聆听、提问、了解他们的观点，同时感受着来自员工和董事会的压力。他们搞不懂

① Marvin Weisbord and Sandra Janoff, *Future Search: An Action Guide to Finding Common Ground in Organizations and Communities*, 3rd ed.（San Francisco: Berrett-Koehler Publishers, 2010）.

希瑟在做什么，希瑟自己也满心疑虑。在她所处的环境里，没有什么可以确定她的选择是对的。

有一天，电话铃响了。她的一个保守派对手打来电话建议展开一次对话！怎么回事？以下是希瑟的说法：

> 在一次社区午餐会上，我向在西坡做生意的一家最大的能源公司的公关人员介绍了自己。我承认我们的组织彼此为敌，但我的愿望和意图是缔造和平，而不是制造战争。我希望我们至少能一起谈谈，探索找到共同立场的可能性，在共同立场范围内，我们可以代表我们所在的社区开展协作，而不是永远坚持正在让我们的社区分崩离析的两极化公开会谈。
>
> 她打电话给我，是因为科罗拉多州议会从来没有人尝试过展开对话。我和她见过的“其他人”是“不一样”的。她邀请我与另一家大型能源公司的公关人员共进午餐。我们讨论了如何共同举办一场公开对话，讨论如何在开发能源的同时，保护环境、公共健康和遗产景观，这些都是“我们”在科罗拉多州非常珍惜的东西。这次公开对话将超越工作与环境的话题，或者是那些话题的进化版。然后她带我参观了一个天然气钻井平台，我得以直入“敌方阵地”的核心地带！
>
> 有些人认为她是为了拉拢我，或者是为了制造一些看起来很好的公关假象。他们指责我被她的公关专长“迷惑”了。我建议说，在证明并非如此之前，尝试建立外交关系并相信“善意”不会有什么坏处。

尽管政治气候的变化阻碍了对话的继续推进，但希瑟和她的对手继续在幕后探索各种可能性。人们的习惯反应是让“对方”出错，希瑟的故事从某个角度反映了这个常见的挑战。要把人们聚在一起，需要付出耐心，也要不断练习。希瑟继续发扬邀请的精神，总是想着在有机会的时候展开创意共舞。

邀请多样性的窍门

与涌现共舞，邀请多样性是一个关键任务，很有挑战。

定义是谁或什么构成了某个系统。涉及哪些职能、选区或角色？什么样的种族、阶层、性别、地域和代际组合是重要的？是否有些非人类元素，如环境或动物，需要以某种方式呈现出来？

你希望哪些人参与，就去他们生活和工作的地方。如果你希望不同年龄、种族、文化等的人们参与进来，就把自己置身于他们的环境中，谦虚地聆听和学习，主动与他们接触。如果他们看到你有意建立一种相互尊重的关系，会更愿意加入你的活动。

创建一个反映这个系统的小组来组织活动。主办团队中如果包含更多你希望来参与的不同的人，你就更有办法邀请到不同的群体来参与。

让你们之间发生的事情成为你们的工作内容。组织活动的团队的工作强度很大。系统中存在的干扰将在一个多样化的组织者团队中表现出来。欢迎这些议题，并着手解决这些议题，不仅能增强团队力量，还能让你做好准备，迎接工作规模和范围的扩大所带来的挑战。

创建了一个目标明确且让人感觉受欢迎的空间，可以容纳系统的多样性，我们已经做好准备躬身入局，与涌现共舞。

第6章

躬身入局

练习与涌现共舞

生命，只是一次一往无前的冒险，除此无他。

——《一扇开启的门》(*The Open Door*)，

美国著名女作家、教育家海伦·凯勒 (Helen Keller)

我们已经准备好了与涌现共舞，也让自己准备好以清晰的意图和欢迎的精神担当主持人角色。我们邀请了一个多样化的团体集聚一堂。我们准备好要躬身入局，相信可能收获累累硕果。

我们如何吸引大家投入，以收获尽可能好的成果？

本章涵盖了与涌现共舞的一些关键方法：欣赏式探询、开放和反观。除了关于这些方法的描述、故事和窍门，我还提供了两个可以放大反观成效的方法：命名和收获。

欣赏式探询：针对可能性，大胆提问

我们如何激励人们展开探索，引发积极行动？

面对灾难，如果你的第一个冲动是提出一些问题，帮人们逐步看清未来的积极图景，你就更有机会穿越剧变。正是这个方法使心理学家维克多·弗兰克尔（Viktor Frankl）活了下来。即使是在大屠杀期间的集中营里，他也一直在寻找生命的意义。[①]

雄心勃勃、以可能性为导向的问题是有吸引力的，可以凝聚各种各样关心这些问题的人。这样的问题也是有干扰性的，但干扰的表现是关注那些可能收获更好、更有意义的东西的机会。这样的问题还有助于创造一个让人们感觉受欢迎的环境，打开通路，让人们发现有什么东西正要浮现。有一个宽泛的问题很有用，“鉴于已经发生的一切，现在还有什么可能呢？”

这个提问，承认了目前的情况，但没有把目前的情况当成糟糕的情况或错误的情况，而是关注于未来，为富有成效的探询奠定基础。如果我们不知道答案，而且发自内心地好奇，那么我们就收获了一个好问题。这里有一个关于好问题的提问：“我们如何提出直击人心的问题，让我们可以专注于我们能想到的最好的事物，吸引他人，并彼此联结，一起去实现我们最渴望实现的事情？”

---

① Viktor Frankl，*Man's Search for Meaning*，rev. upd. ed.（《活出生命的意义》，New York：Pocket，1997）.

大胆而积极的问题在混沌和创造力之间架起一座桥梁，帮助我们眺望梦想和目标，从而促使改变发生。这样的积极意象会引发积极的行动。欣赏式探询吸引了来自系统不同方面的人们参与进来。当我们把那些愿意探索积极可能性的人聚在一起时，紧张和冲突就会以充满创意的方式显现出来。

从“重要新闻”活动中产生的一个创造性想法是可能性新闻（*possibility journalism*）。从某种意义上来说，可能性新闻将可能性作为一项新闻的原则。新闻业有 5W1H 的传统，即“谁”（Who）、“什么”（What）、“何时”（When）、“何地”（Where）、“为什么”（Why）和“如何”(How)，现在又加上第六个 W：“现在有什么可能”(What's possible now)。

共同语言项目（Common Language Project）的联合创始人兼记者莎拉·斯图特维拉（Sarah Stuteville）举了一个例子：

我当时在布鲁克林的小巴基斯坦社区采访，听一些家庭讲述自己的家人被驱逐的经历，那些被驱逐的家人大多是年轻人。我当时既和那里的巴基斯坦人交流，也和非巴基斯坦人交流。对同样问题的不同方面，人们表现出强烈的情绪。这是我第一次问自己：“现在还有什么可能呢？”当时这样问自己，可能是出于挫败感，因为很难进行对话，采访没有取得任何进展。我举手投降了，对他们说：“好吧，你的理想方案是什么？”一切的改变由此发生。我遇到的人开始谈起 9·11 事件之前来美国对巴基斯坦人意味着什么，以及他希望有一天能再次发生的是什么。

她的搭档杰西卡·帕特诺（Jessica Partnow）提供了第二个故事：

莎拉和我当时在中东和一个巴勒斯坦人谈论令人沮丧的两极分化问题，他把同样的想法说了一遍又一遍。所以我们问了那个神奇的问题："鉴于正在发生的事情，现在还有什么可能？"采访完全变了样，我们这位受访者开始以一种全新的方式审视现状，告诉我们他已经下定决心，要不顾危险度过一个有意义的人生。

正如参与共同语言项目的人们发现的那样，以可能性为导向的提问并不回避当前现实的痛苦，而是帮助我们尝试探索如何面对现实的痛苦。我们如何对自己讲述发生的故事，我们就会如何看待这个世界，我们的行为也受此影响。提出"现在有什么可能？"这个问题，我们就会跟随流向希望和梦想的生命能量。这个提问，并没有否认严酷的现实，而是将故事的重心从绝望转移到美好未来的可能性上。

好的问题能帮助我们面对自己抗拒的东西，创造空间，让我们保持好奇、积极参与、作出贡献、有所收获。理直气壮的欣赏式探询会给我们指明方向，使我们能够坚强地面对未知。

想象一下这样的场景：系统失灵，担任传统领导者角色的人也一筹莫展。空气中充满了不和谐的气息。过去有效的方法现在失效了。即便传统意义上的领导者认为自己要对其他人负责，但鉴于当今世界的复杂性，这些领导者不可能知道所有问题的答案。当普通人期望领导者去解决所有问题时，领导者就注定要失败了。期望自己能解决所有问题的领导者，也会发现自己不堪重负。

说实话，由于接受过学校系统的训练，这些系统期望我们应该知道问题的答案，我们已经适应了领导者要能解决所有问题这个陷阱。难怪我们会抵制那些复杂情况，因为面临复杂的情况，我们不可能知道所有问题的答案，更不可能单凭自己的努力找到所有问题的答案！

然而，当面临棘手的问题时，我们迟早会到达一个转折点。虽然转折点到来的一刻，我们的体验常常是一次危机，我们承认自己不知道该做什么。那一刻一开始会让我们感觉像是遭遇了失败，但心情是既害怕又放松的。在未知的混乱中，我们提出一个问题，邀请其他人一起寻找答案。这样的做法就像在黑暗中发出了一束光。

大胆而积极的提问帮助我们走进神秘地带，反而创造出一些安全感。未知的所在成了创造力的源头，我们也许能在那里找到一些答案。当我们到达已知领域的边缘，准备进入未知领域时，一个有力的提问会指引我们冒险前行，也会创造一个安全港湾，这样当我们带着焦虑、恐惧、绝望，心乱如麻地进入某个领域时，梦想和好奇心仍与我们同在。不管发生什么，我们都能坚强面对。通过创造性地与破坏性事件共舞，我们为充分利用彼此的差异铺平了道路。

欣赏式探询的窍门

欣赏式探询是一个可以改变人生的技巧，帮助我们在任何情况下发现可能性，无论那些情况多么具有挑战。

发展提问的艺术。练习提出一些关注可能性的问题。以下是好问题会具备的一些特点：

它们让我们向可能性敞开。

它们大胆而专注。

它们有吸引力：各种各样的人都能在这些提问里发现自我。

它们吸引了我们的头脑和心灵。

它们既服务于个人，也服务于集体。

一些好问题举例如下：

这时候，如果我们回答了哪个问题，会令情况发生改观？

什么事情是我们一起能做，但我们谁都没办法一个人去做的？

这个团队还能是什么样的？

什么是最重要的？

鉴于已经发生的事情，现在还有什么可能？

提出一些能提高清晰度的问题。积极的意象会促使我们展开积极的行动。帮助我们看见愿景的提问会帮助我们实现愿景。

练习将不足转化为可能性。在大多数平常的对话中，人们关注他们不能做的是什么，问题是什么，什么是不可能的。这样的对话为练习提问的艺术提供了无穷无尽的来源。当有人说“问题是这样的”，你要问他：“如果这不是问题，那会是什么样子的？”如果有人说“我做不到”，你就问：“你想做什么？”

招募别人和你一起练习。你可以发现更多乐趣，而且帮助彼此养成提出可能性问题的习惯。但是要注意：这个做法是有传染性的。你可能会吸引一大群人。

欣赏式探询提供了一个安全的避风港，人们可以在那里探索破坏性事件，向未知敞开自己。

开放：接纳

我们如何放下假设，腾出空间来接纳新的可能性？

开放往往在瞬间发生。当我们放下让我们的世界秩序井然的那些信念，一切即刻发生改变，我们就一下子进入涌现式变革的核心地带。当哈利·波特踏上前往霍格沃茨魔法学校的火车站台时，他就进入了另一个世界，在那里，画中的人会相互攀谈，楼梯会随时移动。

虽然我们可能不会遇到像哈利那么极端的情况，但开放还是会把我们送上冒险之旅。我们不知道什么信号会帮我们做出最好的决定和行动。现在是所有这些准备工作（拥抱神秘、选择可能性、聚焦意图等）大显身手的时候了。虽然我们可能不知道是什么原则让我们的世界有序运转，但至少我们已经准备好面对未知。

具有讽刺意味的是，人们往往把“开放”“放手”“接纳”视为消极的品质。在实践中，当人们确实欢迎各种差异时，带着所有呈现出来的能量（不和谐的能量、共振的能量）躬身入局，还有比这更勇敢的行为吗？放下那些对我们有益的假设是很不容易做到的。然而，如果不这样做，创造力就没有茁壮成长的空间。

面对重大变革时，我们需要运用与处理日常事务截然不同的信念和技能。环境充满了不确定性，以至于几乎每一个有效的行动都是有悖直觉的。例如，想象一下，你要在一个陌生的文化环境中开展业务。也许我会直视某人的眼睛来表达欣赏与感激之情，但是对方的文化如果认为直接的眼神接触是不礼貌的，他会把我的直视解读为挑衅。因此我们即将迎来一个充满挑战的开始！

所以抛开当前的假设，你要愿意说出“我不知道”和“我们会边走边改”，这些就是今天展现勇气和力量的方式。站在已知世界的海岸，踏入创造性的未知水域，我们既需要激情洋溢，也需要保持清醒。在这样的领域中，先行者们如鱼得水，探索我们之间的各种差异、热情、观点、想法和梦想，这些都是创造性地开展涌现式变革的条件。

一旦意图清晰，我们就会敞开心扉。这样做是有道理的。如果不是在旅程的另一端有希望获得一些有创意又新颖的答案，我们为什么愿意拥抱干扰呢？

我们想成就什么？想成就一个繁荣昌盛的组织或家族吗？或者我们希望创建一个自治型社区。无论我们关注的是什么，当我们受到的训练都是“去做就好了”，我们便很难接受干扰。我们发现找到出路并不是一场独角戏，需要的不仅仅是“输入”，而是全心全意地（并且集中全部脑力）让来自一个受到干扰的系统的各个方面的人们都参与进来。

具有讽刺意味的是，一旦在充满差异的领域里与别人会合，我们大多数人会感觉很兴奋。当我们不用顾忌“事情本来应该的样子”时，创造力喷薄而出，挑战和机会比比皆是。受益于彼此的不同观点，我们一起旧地重游，发现了新的共同点。因为随机互动能够带来无法预知的突破，与涌现共舞便表现出一种近乎神秘的特点。

有人邀请我在哥伦比亚首都波哥大（Bogotá）运用开放空间技术主持一个会议，参会者是1800名流浪儿童和300名教师。这个机会挑战我要向未知敞开自己，考验了我对自己的信心、对开放空间实践社区的信心以及对开放空间技术本身的信心。同时也提醒我，打开自己，接纳一切事物的发生是有风险的，我需要一次信心的飞跃。很高兴的是，我实现了这次飞跃。

我打算去波哥大教一门课。我的一个联络人安德烈·阿古德罗（Andrés Agudelo）邀请我和他一起主持一个为期两天的开放空间会议，共有2100人参加。合作方是一个帮助14~22岁流浪儿童实现就业的天主教组织。虽然我只做过一场超过1000人的开放空间会议，我还是接受了安德烈的邀请。

我一到达波哥大就和安德烈一起参观了会议场地。这个场地让我开始怀疑自己的理智。按照原来的规划设计，这个房间可以容纳1000人。当我们考虑备选场地时，我们意识到通向房间的庭院可以容纳2100人。但当时是雨季。就在那时，我实现了一次信心的飞跃。我心里想："我在为一个宗教组织工作。我们在神的手里。"

挑战还在继续。该组织收到消息说，为该培训项目提供工作机会的雇主威胁要放弃。他们说孩子们嗑药，还偷窃。基于恐惧，我们这次会议的主题发生了一个转变：从找到尽量好的工作机会，变成了保住现有的工作。

最奇怪的是我从未感到恐慌。雨似乎是躲不过去的，房间也容纳不下2100人，主题也是我合作过的最具恐惧感的主题。还有一件事：我不会说西班牙语。然而我很平静。我坚信会成功。也许是因为我有安德烈，他是个很棒的合作伙伴，而且和我们一起工作的还有其他一些人，他们以前组织过很多人参加的活动。他们需要我在开放空间方面的专长，孩子们、安德烈和我在其他所有方面都会得到很好的照顾。

活动当天，天空湛蓝，阳光明媚，我视之为奇迹。我们在院子里集合。活动非常精彩，为期两天的生动对话为孩子们和他们的老师都带来了突破。

也许我的平静是由于有开放空间实践社区的支持。从1996年开始，它的邮件列表服务就为我提供了关于开放空间的故事和建议。这给了我做这项工作的信心。我感觉有一个巨大的虚拟咨询公司在支持着我。对此，我要致以由衷的感谢。

当未知压倒一切，但回报似乎值得冒险时，敞开心扉会让我们进入一场冒险。我们生活中的一些令人兴奋和满足的时刻，都是因为我们实现了信心的飞跃。这是最好的涌现式变革。

开放的窍门

敞开自己只需要一刹那，但这可能是最勇敢的与涌现共舞的方法。

明确自己的意图。开放也是有界限的。意图阐明重点，设定方向。明确的目标创造了界限，由内而外地指导我们。

完成你的功课。确定什么是最重要的，并妥善处理。关于我们如何应对危机，体验是最好的老师：我们能迅速识别什么是最重要的，并放开其他所有东西。

相信自己。我们可以一直学习、准备和练习。归根结底，安全、自信和随机应变的能力都来自内心。你要决定自己需要什么，处理好它，并躬身入局。

和朋友在一起。有各种各样的朋友相伴左右，我们就能更好地应对各种挑战。你们中间有更多的眼睛、耳朵、双手、技能和知识来应对挑战，乐趣也更多。

当我们敞开心扉与涌现共舞时，把为我们的所爱承担责任当作一种服务的行为就会充分奏效。无论我们做什么具体工作，对我们而言最重要的都是什么在指导着我们。我们处在与涌现创意共舞的核心地带，发现那些让改变发生的差异。我们在干扰中磕磕绊绊，聆听自己和他人，梳理各种特质，与吸引我们的事物联结，一路上不断尝试，我们最终会注意到什么事情浮现出来。反观的行为帮助我们在混沌的另一边找到连贯性。

反观：感知模式，做一面镜子

现在发生了什么？

反观的行为有助于整合意义，就像会聆听的镜子，让我们看见自己感知到的东西。反观支持我们跳出一个接一个发生的活动，帮助我们注意到一些更大的模式正在形成。通过反观，我们可以检验我们是否准备好了走到一起。提出反观性的问题有助于我们感知什么正在汇聚成形。我们学到了什么？让我们吃惊的是什么？什么是有意义的？什么样的“简单规则”（模式、假设、原则）正在浮出水面？现在可以给什么命名？佛教徒说，你无法预知开悟，但正念禅修可以为开悟铺平道路。作为一种个人和集体的行为，反观使我们即便在经历变化时也能注意到什么正在发生变化。

我用两种互补的形式来定义反观，这有助于全面呈现反观的意义。上面的段落将反观描述为反思、沉思、感知模式的产生。这种形式的反观需要积极地寻求连贯性。反观也意味着反映，成为他人的一面镜子——重复他们说的话语或描述他们的感受。在第二种形式中，反观是深度聆听，成为他人的见证。反映说话者的话语和感受有助于他们听到自己。它可以触达无效的表达（大喊大叫、抱怨、欺凌）之下，埋藏在焦虑中的深层渴望。支持别人听见自己，帮助他们听清自己内在的呼声。也许这个方法能帮助他们第一次意识到自己想要表达的是什么。被全然聆听的感觉也让他们自由地去聆听他人。

这两种形式的反观都有助于我们注意到彼此的差异，并保持联结。我们从不同的观点中发现了更大、更复杂的图景。那个更大的图景往往是一种意想不到的连贯模式，如果没有深刻表达我们最核心的差异，这种模式不可能出现。

反观为更明智、更高级的新的连贯性的出现铺平了道路。这种做法看似矛盾（在需要集体行动的时候表达个人意愿），其实是一条团结之路。我的同事迪安娜·马丁（DeAnna Martin）讲了一个故事，谈到使用动态引导（Dynamic Facilitation）的流程开展反思，帮助个人、团体和大型系统处理困难、混乱或看似不可能解决的问题。产生这个结果，是因为动态引导这个流程会刺激一种称为“创造选择”（choice-creating）的发自内心的创造性思维，在这个过程中，人们寻求双赢的突破。（关于动态引导流程的描述，请参阅“涌现式变革流程方法概览”）

在那个故事里，当参加者发挥创造力，发现自己真正想要的东西，并发现可以追求的可能性时，反观的力量就显现出来了。解决方案的魔力在最让人意外的时刻显示出来，这是迪安娜那个故事的亮点。

我为一个县级公园和娱乐场所志愿者顾问委员会提供引导工作。

该委员会由9名成员组成，正面临一个人们熟悉的困境：服务需求增加，收入来源减少。董事会成员里有企业家、少年棒球联盟教练、公园志愿者、刑事司法系统工作人士、退休教授、土地开发商、非营利组织的董事、社区活动家、全职妈妈。在场参加活动的还有董事会员工支持部门的工作人员。与会者来自不同的地方，有的来自经济发达、自由开放的旅游目的地，也有的来自贫穷、保守的乡野小镇。

会议一开始，他们审视了自己当下处境的复杂性。年度预算是多少？从哪里来的？年度花费了多少？谁在乎这个？针对这个问题，其他机构有什么做法？两个清晰的解决方案逐渐成型：

（1）像图书馆一样，建立一个“初级税务区”，相关事务需要经过选民批准。

（2）承认收入减少，服务也相应减少。面对这些选项，参会者之间发生了明显分歧。尽管如此，参会者都有一种失去所爱的绝望而悲伤的感觉。像镜子一样，我向他们反映了他们提出的解决办法和这些感受。过程当中，我欢迎人们发出不和谐的声音，这些声音听起来更像是抱怨：“要通过征税来解决，太麻烦了。”“我们甚至不知道人们想要什么。”

每次反映都让解决方案和问题发生了演化。问题变成：“我们如何让公众参与进来，弄清楚自己想要什么？”一个新的解决方案随之出现：

（3）利用恐惧来激发公众。在当地报纸的头版刊登这样的话：“如果得不到更多资金支持，我们将关闭大家最喜爱的公园。”

这个解决方案不太对劲。如果没人关心公园的关闭呢？解决方案再次演变：

（4）在报纸上刊登一些东西，针对我们提出的解决方案征集公众的建议：成立一个初级税务区，还是削减服务项目。

灵活多变的引导方式帮助各个与会小组收获共享成果，且大家一致同意。当这次长达4小时的会议进行到3小时45分钟时，与会者似乎知道该如何推进工作了。经过片刻沉默，一名董事会成员发言："如果我们投票通过了这个计划，我就退出委员会。我太在乎我们的公园了。我不能用关闭其中一个作为威胁条件，或者这样对待那些像我一样爱这些公园、像我一样使用这些公园的人们。"

按照我以前的主持人心态，还剩5分钟时间，我会让会议就在那时结束。但当时我没有这么做，我对可能性发出了邀请。我提出一个问题："考虑到这一点，这个群体还能做什么？"

有人大声提议："我们需要团结一致，共同前进。我想找到一个更好的主意。"另一位董事在自己的位置上蹿下跳。他想到一个新颖的方法：

（5）我们组织一些会议，邀请所有的潜在合作伙伴参加，如相关学区、刑事司法机构、体育运动联盟、青年项目、长者服务中心和当地民选官员，与他们分享我们的处境，并邀请他们建立伙伴关系协议来分担成本。我们再举办一些公众可以参加的会议，分享我们的处境，邀请有创意的解决方案。

空气中洋溢着欢笑和兴奋之情，大家都喜欢这个主意，这意味着他们可以发现公众真正想要什么。这个方法提出了一个财政解决方案，既不削减服务项目，也不增加税收。他们很快明确了接下来的行动步骤，只是比预计会议时间超了5分钟，大家的热情显而易见。集体放手，充分发挥我们的好奇心，利用反观来创造共同的意义和行动，这一切都是有价值的。

正如迪安娜的故事所表明的，当人们开放地表达自己，深刻感受到不同意见时，连贯性很快就出现了。反观提供了空间，让我们的独特性闪现，呈现对我们而言重要的东西。

我发现，反观是与涌现共舞最神奇和最具变革性的方面之一。反观设置了一个很高的标准。正如动态引导过程教给我们的那样，反观挑战我们要“多方兼顾”，重视每一项贡献。反观让我们看见各种各样的感知方式，穿越那些通常会阻碍我们听见的触发点。

反观的窍门

反观有两个含义：一个是反思、沉思、感知、积极地寻求连贯性；另一个是反映，成为对方的一面镜子。连贯性在这个过程中产生。

做一面镜子。你会帮助别人感到自己被听见，重复说话者的话给他们听见，描述他们的行为或表情，感受他们的感受或更深层的本质，并告诉他们你注意到什么。不要评判，不要有任何附加条件，不要给他们任何建议。

放下需要立即得到回答的想法。提供时间，深入而广泛地探索不同的观点，而不要求得到一个连贯的回应。想法的扩散需要空间，关系的形成需要时间。

提出寻求融合的问题。反观性问题不同于那些让我们敞开自已面对干扰的问题。反观性问题为广泛的探索创造空间，有助于我们发现各种差异。例如，“现在有什么可能？”一旦探索顺利展开，反观性问题就开始发挥作用。这样的问题专注于理解正在形成的主题与模式。例如，我们学到了什么？哪些正在浮现的主题让我们感到兴奋？什么是有效的？我们从这次经历中得到了什么礼物？

注意时机。过早地检查连贯性会让我们感到沮丧。等待太久会导致分裂，分裂是分化的阴影，在分化的阴影中，我们会在相互分离的状况中感到迷失。随意地提出一个融合性问题——一个能将点连成线的问题。例如，你们注意到了什么主题和模式？我们学到了什么？有什么是我们以前说不出来而现在可以说出来的？如果人们没有准备好回答，那么这个问题很快会在互动过程中被遗忘。

反观帮助我们自己的内在智慧和我们之间存在的智慧逐渐显化。当新生事物出现时，它既包含了我们所有人的一部分，又是独一无二的，此时我们就来到一个特殊的时刻。我们已经准备好为某事命名，让它的存在被看见。

命名：赋予意义

我们如何唤起正在成熟的东西？

正如敞开自己是放手的时刻，命名恰巧相反，它是凝聚的时刻。

各种差异结合在一起形成一个全新的整体。命名需要一次洞察力的飞跃，完全出乎意料，却又期盼良久。最后，当我们见证某种新事物的诞生时，涌现式变革的结局也尽在掌握当中。

我们的注意力可以影响浮现出来的事物。因为给事物起个名字有助于我们发挥其潜能，所以为某物命名是一种神圣的行为。当一些好斗的英国殖民者自称组成美利坚合众国时，一种新的治理方式诞生了，并且波及全世界。这就是名字的力量。名字给生命带来连贯性。

命名看起来很神奇。感觉像是有些事物突然出现。实际上，它是我们一直在做的所有事情的累积。我们带着欣赏探询重要的事情，开放地探索什么是有情感、有意义的，反观什么已经成熟。现在我们用一个单词、一个短语、一个提取意义的名字来给我们的工作注入生命。有了名字，就可以讲述一个故事。

几年前，我是一个女性领导力项目组的成员。她们的任务是一起做一个服务项目，除此之外无更多指导。她们自行决定选拔流程和项目的性质。当时，我一直在思考集体决策是如何做出来的。观察这个团体的工作教会了我如何以命名的方式让某件事发生。

这些女士花了几周时间确定了她们负责的那个服务项目可能采用什么选拔标准。她们开展调研，分享各种想法，然后思维受阻了。当她们考虑有什么选择时，她们彬彬有礼地对待彼此，谁都不想伤害他人的感情。

几个星期过去了，几乎没有落实什么行动，时间一点点流逝，有人受够了。一位女士明确表达了自己的立场，清晰而坦诚地说明她希望她们做什么样的项目以及做这个项目的理由。她一开口，另一个人也加入进来，说出了自己的真实想法。接着又一位也开始发言。整个团体聆听彼此发自内心的表达。反观这些交流的内容，她们做出了一个明确的决定。只有当一个项目的特点可以满足每个参与者表达的某些需求时，人们才会畅所欲言。在热情洋溢的个体表达中，集体的承诺浮出水面，人们命名了一个清晰的目的。

后来，我采访了那位第一个跳起来发言的女士，想了解是什么促使她这样做。她告诉我，那是一个放手的重要时刻。她决定了，做出一个有意义的选择比保持自己的形象更重要。所以她冒险采取了行动。那个冒险开启了真正探索需求和渴望的道路，让她们之间的差异暴露出来，这有助于她们围绕真正重要的事情团结起来。命名的那一刻不仅促使她们行动起来，也让她们更紧密地团结在一起成为一个团队。

正如这个故事所显示的，命名既是一个结束也是一个开始。这些女士们带着新近发现的清晰感结束了对一个项目的探询。这种清晰感激励她们进入旅程的下一步：落实这个服务项目，也为她们开展日后的工作建立起更深刻而坦诚的关系。

当我们给一些新生事物命名时，我们自己也以某种方式发生了改变。我们可能对自己更有信心，对他人更有同情心了。我们可能变得更有韧性，更加包容未知。我们成为一个更大整体的鲜活一部分，这种感觉令人难以忘记，又几乎无法言传。体验过这种神奇的感觉之后，我们可能还想追求这种感觉。如果这听起来有点神秘，你来试试吧！当这种感觉重复发生时，就可能变得熟悉起来，我们相信的事情会经常发生。然而，即使我们的信心在增强，我们也不太可能认为这是理所当然的。

命名的窍门

在命名过程中，涌现式变革达到高潮，高潮就是新生事物出现的那个时刻。

呼唤"它"的到来。问一问是什么正在涌现，然后放手。涌现可能不会发生。然而，令我惊叹的是，经常有人说出让人意外又充满智慧的话语，每个人听了都点头称是。

感知真理之环。聆听惊讶和兴奋的时刻，那一刻，同一个系统里不同的人都对发生的事情表示认可。放大那个时刻。当那个时刻发生时，为之庆祝。

如果你觉得自己工作得太辛苦了，那就休息一下。命名不能强制发生。如果你不停地这样做，名字有时候会变得更加难以捉摸。如果有时间，带着要命名的想法睡一觉。社会心理学提供的大量证据表明，睡一晚上，有助于我们理清复杂问题。在所谓的蔡格尼克（Zeigarnik）效应中，我们在睡眼惺忪中继续处理未完成或被中断的任务。①

有些新模式对我们的分析型大脑来说太难了，我们的潜意识会帮助我们形成这些新模式。我们都有过这样的体验，晚上"为了考虑某件事而辗转反侧"，到了早晨，事情就变得更清晰了。

要有信心。时间到了，名字就会浮现出来。虽然分析可能会提供信息，但最终，命名一个新生事物是一种非线性的复杂行为。当条件成熟时，名字就会自然出现。

---

① Marvin R. Weisbord, *Productive Workplaces*: *Organizing and Managing for Dignity*, *Meaning and Community*（San Francisco：Jossey-Bass Publishers，1987），78-79.

命名的神奇之处给我们带来一个挑战。我们如何分享这种经历？什么会让那些没有身处命名现场的人也为之感动？

收获：分享故事

意义被命名之后将如何传播？

故事帮助我们转变，支持我们理解什么正在结束，什么正在开始。各种艺术（音乐、舞蹈、诗歌、电影、绘画、雕塑、戏剧等）都是故事的有力载体，有助于意义的传播。例如，除了极少数例外，每个社会性运动都有相关的歌曲。在民权运动期间，《我们将无往不胜》（*We Shall Overcome*）这首歌给人们注入了决心，告诉人们即使在最黑暗的时期也要坚持下去。像工业革命（industrial revolution）、信息时代（information age）、女权运动（women's movement）这样的名字，每一个都在大声诉说历史上曾经发生的那些时刻，这些名字就是一些故事的速记符号。

我们讲故事的方式很重要。你的杯子是半空的还是半满的？报纸的消亡是一场民主的灾难，还是一次创造更好的新的可能性的机会？因为好故事有动态张力，所以很可能两者都有。

收获故事帮助我们分享意义。这样，涌现式变革的种子就可以传播给那些属于关键体验一部分的人们以外的人。考虑到当前挑战的严重性，我们要如何大规模地快速分享意义才能够产生可观的改变呢？

我的同事克里斯汀·惠特尼·桑切斯（Christine Whitney Sanchez）与美国女童子军一起工作时，就要在全国范围内面对这个问题。通过各种收获模式，他们传播了一个具有颠覆性的女童子军故事，感动了300万女生和100万成年志愿者。

2008年，女童子军全国大会的设计团队就想让女孩们发挥引领作用。我们的愿景很大胆：我们要设计一个流程，邀请成员们发出自己的声音，围绕一些重要的议题开展对话，开展自组织，从而开创女童子军运动的未来。来自世界各地的一万名女童子军参与了这个过程。

作为一名终生的女童子军成员，我很高兴能领导一个咨询团队，开展故事编织项目（Story Weaving Initiative）。在为期四天的大会上，由于成百上千名志愿者的热情推动，集体智慧和一个关于女童子军的更大的故事逐渐涌现。

使用欣赏式探询、数字化故事编织、故事织机、开放空间技术和世界咖啡这些方法，这个团队将对话、故事和艺术编织在一起，创造了一种多模式的体验。虽然具体的方法不是重点，但这些方法的精神、原则和实践让改变发生，提供了心思、创造力和秩序，应对在这样的过程中一定会发生的各种混乱状况。

在开幕之夜，应用印在"纪念卡"上的欣赏式问题，会员们与新老朋友交谈："是什么让你走到了今天？""谁帮助你成为这场运动的领导者之一？""你有什么领导力经验要分享？"一项"手机短信调查"通过手机短信输入的信息记下成员们在彼此的故事中听到了什么主题。实时结果在会议大厅的大屏幕上滚动展示。

一群14~18岁的女孩们，配备了摄像机，成为数字化故事编辑，在整个大会期间记录并制作与领导力相关的故事。从早到晚，制作室里一片嘈杂，数字化的采访被写成故事，然后在会场的大屏幕上首映。担任数字化故事编辑的女孩们创作了一个更大的故事，名为“女孩力量”，而这意味着在女童子军运动中开始出现分布式领导力。

为了方便那些更偏向触觉型的人，整个会议中心都设置了故事织机。成员们将个人故事融入更大的故事中。所有年龄段的女童子军们都把纤维、纱线、旧的露营T恤撕成的布条、杂草、树叶、树皮、羽毛，以及几乎所有来自大自然的东西都放进了故事织机中。在分享她们的领导力故事的同时，她们创造了象征友谊的礼物，结果，形成了为女童子军社区采取行动的共同呼声。

在开放空间过程当中，数字化故事编辑记录了理事会成员成功的实践行动。以自组织方式进行的对话帮助成员们找到方法，将重新恢复生机的计划带给更多女孩，并促进女童子军活动范围的扩大。

一个领导力咖啡活动，使用世界咖啡的流程提出了与女童子军领导力相关的想法和愿望。一个电影摄制组拍摄到数百名与会者自发对话的能量。大家在网上可以查到谈及世界咖啡流程核心的两个短视频。

世界范围的承诺词云图[①]

① 使用 wordle 创建的图像，www.wordle.net.

在大会的最后一天上午，与会者召开会议，讨论女童子军运动的优先事项，确定自己承诺实现的行动计划，并将讨论结果输入会场的大屏幕。24 小时之内，故事编辑团队的一名成员在故事编织（Story Weaving）网站上发布了一个词云——不同单词使用频率的视觉呈现。

这次大会收获了大量的集体智慧。在国家相关工作人员和当地志愿者的支持下，女童子军团队和地方议会将创造性对话的精神带回家。她们正在逐步展开一个女童子军运动的故事，由女孩子们发挥领导力，而且这个故事一直延续到今天。

正如这个女童子军的故事所显示的，一次伟大的收获活动有多种表现方式。通过采用不同的工具、技术和格式，加之“艺术家”们的加持，与会者不仅从收获活动中受益，而且在那次活动结束后很长一段时间内，会继续传播这个故事。

收获的窍门

收获讲述的是成熟的故事，在这个过程中播种新的可能性。

邀请艺术家。包括那些声称是艺术家的人，以及生活在我们当中的艺术家。艺术（音乐、诗歌、舞蹈、视觉艺术）承载着意义。当艺术家在场或受邀参与活动时，他们自然会收获故事。

准备好各种工具。预估需求，手头准备好所需物品：纸、马克笔、录音机、照相机——任何可以为收获这个环节服务的物品。

使用多种模式。不同的人通过不同的方式领悟意义。对许多人而言，最有效的故事是多种模式的，可使用文本、图像、电影、音频等多种模式。

分享主要的故事。我们希望共享的意义是什么？发生了什么故事？它是怎么发生的？为什么它很重要？

想想我们希望与谁建立联结，以及与其建立联结最好的方式。将提前想到的想法和当下浮现的想法结合起来，阐明谁能从这些故事中受益，从讲述故事的形式中受益。

收获这个环节让发生的事情变得有意义，并激励我们去面对未来，也为之后再开展这样的活动提供了能量……

第7章

迭代
不断尝试

历史不会重演，但会跨越时空遥相呼应。

——美国著名作家马克·吐温（Mark Twain）

一次涌现式变革结束之后，往往有些微妙的事情会发生。无论变革的体验是地震还是飓风，或者不同的群体一起解决棘手的问题，变革之后，生活恢复正常，但又不是完全如常。旧习惯似乎让人感觉很奇怪，正常的活动看起来更像梦游。禅宗有句谚语："开悟之前，砍柴挑水。开悟之后，砍柴挑水。"虽然经历过变革的我们看起来同之前没有什么不同，但毋庸置疑我们被那些经历改变了。

什么让我们继续前进?

虽然涌现是大自然为了创造新形式而展开的非连续的大步飞跃，但是每一次涌现都会荡起许多涟漪。本章描述了这些涟漪如何融入我们对世界与时俱进的假设中。通过讨论迭代（一次又一次地做某件事，每次都受到之前的经历的影响），涌现呈现在更大的变革画面中。本章也阐明了变革带来的一个重要而又难以捉摸的挑战：保持成果。在本章结束时，你应该知道如何处理涌现式变革的余波。

把新知融入已知，把已知融入新知

当我们经历涌现式变革时，不仅我们自己会改变，我们所处的各种关系、我们与他人的互动方式，以及我们与周边环境的关系也会改变。日常工作被打断，我们被迫修正自己的理解，关于我们是谁，关于我们希望接纳什么样的假设，即那些指导我们行动的“简单规则”或看不见的假设。总体而言，我们变得更有韧性，应对差异和意外的能力也增强了。我们获得了新的感知方式。无论是个人还是集体，都变成了更复杂的系统。我们需要花些时间整合新故事，关于我们是谁，“他人”是谁，我们如何相处，这次涌现对我们自己、对我们的关系、对我们的社会意味着什么，以及这次涌现式变革如何影响我们的行动。在一次俄罗斯之行之后，我亲身感受到了这种转变，让我学到了一点，即理解一段经历是需要时间的。

2000 年期间，我在西伯利亚待了一个月。我参加的那个旅行团建议我从家里带些卫生纸。这是个好主意，因为公共厕所没有卫生纸。行程过半时，我们为一些社会服务组织的女性创业者主持了一个为期一周的领导力工作坊。这些组织正在取代在苏联的改革中崩溃的社会体系、基础设施。美国团队在那里拥有一个共享空间。每次需要更多卫生纸时，我们就会得到卫生纸，可那些用剩半卷的卫生纸总是很快就不见了。三天之后，我在休息的时候去了我们的共享空间，发现了四卷已经开封的卫生纸。我高兴坏了！我想："也许我应该带走一些，以防我从家里带来的卫生纸在接下来的旅途中不够用。"然后我突然意识到：我终于知道公共场所没有卫生纸的原因了。如果每个人都跟随我这样的冲动带一点卫生纸回家，公共场所将成为每个人的卫生纸供应商！在美国，我们知道卫生纸的供应很充足。而在俄罗斯，卫生纸的供应是不足的。我与其他工作坊伙伴分享了我的见解。我们的一个翻译告诉我们，她第一次去美国的时候觉得自己身处卫生纸的天堂。卫生纸和我们对匮乏和富足的信念成了文化隐喻，帮助我们理解那些塑造我们生活的无形假设。

在接下来的旅途中，我注意到大多数地方的餐巾纸都很小、很薄，只有一层。其他文化差异也引起了我的注意：在街上将美元兑换成卢布是正常的。定期停电、突然停电都经常发生。在城市以外的地方没有室内管道。公寓楼没有公共区域。我记得自己对一个政府的评判，这个政府把更多的钱花在军备竞赛上，而不是花在公民的基础设施建设上。我的结论是：当一个政府不希望人们组织起来时，它设计的建筑就没有让人们在社区里聚会的地方。如此解释我的观察，准确吗？我不知道。但是我确实记得在回家的飞机上，走进洗手间，看见里面堆满了各种各样的纸——马桶座套、面巾纸、卫生纸、纸巾时，我感到手足无措。

就像经历了一场涌现式变革，我的经历改变了我，我的习惯模式被打乱了。回到美国后，我对周围环境有了更多的觉察。我明白，我认为理所当然的许多假设对我的俄罗斯同事有不同的含义。我获得了一个新的指导原则：事情并不总是像表面看上去那样，不要仅仅根据自己的观察就认为我知道发生了什么。自从那次旅行以来，我就更少会在没有核实他人看法前就仓促下结论。对卫生纸的顿悟让我重新审视了一些世俗的假设。在根深蒂固的日常生活中，我曾经没有注意到富足的存在，直到它消失。我现在更感激生活中的富足，也更注意选择浪费更少的生活、工作方式。

我的俄罗斯之行就是一个弱涌现的例子。我和以前不一样了，也许变得更有力量了，且能够将这些新的方面融入我在文化方面的基础叙事之中。

在强涌现的过程中，我们所知道的一切都围绕着新的组织原则重新排序，组织原则就是那些我们用来给生活带来秩序的简单规则或假设。我的同事萨宾·潘威姿（Sabine Pannwitz）成长于铁幕之下的东德。那天我们正沿着柏林的菩提树下大街（类似于巴黎的香榭丽舍大街）走向勃兰登堡门（Brandenburg Gate）。她告诉我那里曾经是她的世界尽头。柏林墙在那里将城市分割开来。她接着告诉我，移民到西德时，她正在上大学，感到非常困惑。在她长大的那个社会里，一旦选择了大学专业，她所受教育的方方面面就随之确定了。而她加入的新西德大学给了她充分的自由去选择她要学习什么课程。她告诉我，她激动得不得了。对于做出这样的决定她毫无准备。她也不知道如何面对西方人习以为常的各种琐碎的选择。你如何在几十个品牌的牙膏中做出选择？一种类型和另一种类型的区别是什么？她花了好几年的时间才学会如何在她的新家生活。她几乎重温了她所知道的每一件事情的运作原理，并在学习如何适应新环境的过程中，慢慢地整合了她获得的各种新假设。

如果一个人在面对这样的变化时无动于衷，那么想象一下，当整个社会进行这样的转变时，就像东德和西德统一时发生的那种转变，会产生怎样的影响。在柏林的“未来探索”研讨会上，我有幸目睹了来自东德和西德的人们之间的对话。我开始明白，尽管西德主导的经济体系“赢了”，但所有人都输了。这两个国家走到了一起，却没有通过创造性的参与，让东德紧密的家庭和社区关系作为重新结合在一起的社会的一份礼物得到珍惜。

东德整合了新的运作原则，西德则提供了大环境背景。也许，一个像“未来探索”这样的对话容器，可以成为让东德人和西德人探索两种文化的最佳之处，可能会带来一个新的结果——兼具西德的经济活力和东德的社区活力。

这些故事强调了这一点：我们需要花时间去吸收涌现式变革中发生的新生事物。也许这就解释了为什么在一次强烈的团体体验之后的很长一段时间内，似乎没有什么其他事情发生。

再做一遍……再做一遍

重复和迭代是一而再、再而三地做某事的两种形式。重复指的是同样的行为不断地发生。我曾听过有人如此定义疯狂：重复做同一件事，却期望得到不同的结果。如果要制作几乎不能容忍改变的配套小部件，这样的静态稳定性非常有用。在人类系统中，可预测性可能很好，但随着时间的推移，这种僵化可能会导致系统的崩溃。组织里人们常说这样一句话——“但我们一直都是这样做的”，想想人们说这句话时的画面是什么样的。而迭代是不一样的。迭代是在一个重复的过程中，现在这个循环的输出成为下一个循环的输入。每一次迭代，条件都会变化，并影响下一个循环。迭代描述了我们是如何开展学习的。

迭代这个过程写在纸上看起来很简单，但在实践中，当我们试图理解变化如何随着时间的推移而发生时，有些挑战就会出现。接下来的内容描述了三个挑战。第一个挑战，变化一开始可能是无形的，随着不断的迭代而加速发生。第二个挑战，涌现式变革出现在几乎无法追踪的流动当中，而不是我们可以通过“被管控的变化”追踪的那种容易跟踪的因果关系。第三个挑战，变化似乎是螺旋式的，有些方面长期被摒弃，可在后来的迭代中又重新出现。

始于无形

当我们第一次追求一个目标时，我们可能会独自去做；但如果我们坚持下去，这个目标就开始对别人产生吸引力。这告诉我们：最初的探询可能不会吸引任何人。例如，一个故事讲述者活动介绍了一个神圣的进化故事，这个活动悄然无声地开始，现在茁壮成长。这样的活动的成长突出体现了我们在许多社会系统中的迭代体验。

我的同事迈克尔·多德是一位进化传道者。听说过这样的角色吗？如果没有，你很快就会知道。迈克尔写了一本关于科学和灵性之间关系的书——《以进化之名感谢上帝》[①]。要了解他的作品的由来，我们可以先听听皮埃尔·特哈德·德日进这个人的独特声音。德日进是一位法国哲学家和耶稣会牧师，他的著作《人的现象》（1955）描述了宇宙的发展，非常有影响力。很多人都读过德日进的书，但没人会想到，作为这些读者之一的神学家托马斯·贝里（Thomas Berry）会奉献自己的一生来发展这些思想。也没人会想到，贝里会吸引到年轻的宇宙学家布莱恩·斯怀默（Brian Swimme），两人合著了一本文采斐然、富有诗意的书《宇宙的历程》[②]，将科学与灵性结合在一起。更没人会想到，还有一些德日进或贝里和斯怀默的读者为了寻求更多的灵感而找到彼此。随着每一次迭代，这些想法的优点都得到肯定和放大，同伴的数量和种类随之增加，那种互为同伴的感觉也与日俱增。

在科学和灵性的十字路口工作的那些人正在加速成长。除了迈克尔·多德，许多科学家和社会活动家都把讲述一个神圣的进化故事作为自己毕生工作的一部分。当他们分享自己的观点时，各种想法就会变得更清晰。小说家、艺术家、诗人和音乐家受到启发，运用不同的表达方式讲述这个故事。随着故事形式的多元化，故事的各种想法无处不在（在歌曲中、在小说中、在新闻中）。

西方文化将科学和宗教作为互不相容的两种方式帮助我们理解自己在宇宙中的位置，与此同时，我们正在重新整合分裂的观点。

---

① Michael Dowd, *Thank God for Evolution*: *How the Marriage of Science and Religion Will Transform Your Life and Our World*（New York: Viking, 2009）.

② Brian Swimme and Thomas Berry, *The Universe Story*: *From the Primordial Flaring Forth to the Ecozoic Era—A Celebration of the Unfolding of the Cosmos*（San Francisco: HarperSanFrancisco, 1992）.

我们在宇宙学、地质学、生物进化方面学到非常多的东西。一种更丰富、更复杂的感觉正在形成，这是关于我们如何融入宇宙的感觉，既是科学层面的感觉，也是灵性层面的感觉。也许宇宙的故事作为一个集体创造的故事正在逐渐生成，以满足我们的需要，不仅帮助我们理解自己在宇宙中的位置，也让我们清楚地知道自己是同一个家庭的一部分。

从一个声音到许多声音，开始几乎是无法察觉的微小事物，慢慢发生变化，越来越大的变化，然后一飞冲天。自 20 世纪 50 年代以来，从一个偶然发出的声音，到少数先行者的声音，再到许多人的声音，我们正在试图理解宇宙进化过程中发生的那些神圣而符合科学的故事。由于风格平易近人，迈克尔·多德可能是唯一跨界到流行文化领域取得突破的人，平息了在美国困扰了许多人的科学和宗教之间的论战。

这种随时间而变化的模式可以在以下功率曲线中看到：

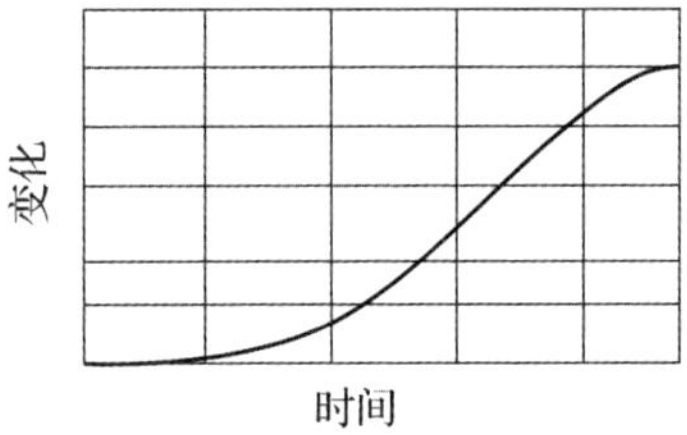

我们大多数人只有在转变顺利进行后才会注意到转变的发生。了解这个模式，可能会帮助我们中的一些人在追求自己的目标时，穿越无形的早期时光，持续前进。当我们只是有一个想法的苗头时，着手开始行动是一种信心之举。如果没有看到自己的努力带来什么

结果，我们大多数人倾向于看向其他可以创造改变的地方。如果我们看不到自己的影响，就很难做到欣赏自己的影响。我们大多数人加入既有的计划和组织会做得更好。这个建议是给那些响应号召加入某项活动的人的：即使面对很少结果或没有看见明显的结果，也要考虑坚持下去，突破可能很快就发生。

具有讽刺意味的是，激进的转变有时一开始看起来微不足道。整合新生事物需要时间。我们必须和旧的假设和行为发生碰撞，注意到这些旧的假设和行为不起作用了，我们才会尝试新的假设或新的行为。花了多长时间，电子邮件才取代普通信件成为我们的主要通信手段？邮局的赤字和不断上涨的邮票价格是电子邮件多年来造成的影响。我们要花多长时间才能一起弄清楚什么时候使用什么通信技术？如果想尽快联系到某人，我经常会留语音邮件、电子邮件和短信！当然，这些通信工具只是互联网这个巨大的新兴变革媒介的冰山一角。

涌现式变革的果实往往成熟缓慢。当我们大多数人注意到的时候，涌现式变革已经是一场我们几乎无法把握的旋风。只要听一听科学家们不断修正他们对北极冰融化速度的估计，就会明白这种变化的速度不是线性的。

当有意识地开展变革时，请记住，规模化变革从迈出脚下第一步开始，然后是一步又一步。随着能量的成熟，节奏加快。从小处开始，我们学习与意外打交道的技巧和状态。随着能力的增长，我们可以带动更复杂的系统，更多样化的参与，并触达更多人。“重要新闻”从 2001 年开始运作，花了三年时间完成了三次迭代，才实现蓬勃发展。现在，需求正在加速增长，我们应对需求的准备也更充分了。

随机走向连贯性

变化的进展很少是可预测的，用“随机漫步”描述变化是更贴切的。在变化的过程中，火花会在意想不到的时刻迸射出来，一开始是小集群，然后通过各种互动聚在一起形成大集群，这些互动似乎神奇地增加了彼此的联结，这就是网络成长的方式。个人通信方式从普通信件到电子邮件的飞跃就讲述了这样一个故事。通信曾经是手写的方式，仅发生在两个人之间，非常私人化；复写纸使商业交流更方便了一点，但在朋友之间仍然存在私人信件；当电子邮件出现时，一封简短的邮件就可以更简单、更快捷地送达一个朋友、两个朋友或 20 个朋友，一对一通信的障碍被打破了；只要朋友们也有一个电子邮件地址，我们就可以把朋友们都拉进一个圈；很快，祖父母们就开始登录网站与孙辈们联系了，大洋彼岸的人即使从未谋面也可以成为朋友。一个意外的后果是：那些选择不上网的“钉子户”发现自己越来越脱离主河道，孤零零地待在一种已经不再起作用的古怪有趣的沟通方式形成的干涸岸边，这种奇特的沟通形式现在几乎绝迹，通常被称为“蜗牛邮件”（速度像蜗牛一样慢吞吞的）。另一个意外的后果是：私人之间的沟通一旦上线，便体现出一种完全不同的意义，可能既不私人，也不那么有沟通的效果。元宇宙（Meta）、推特（Twitter）和其他社交网络工具让我们不仅能联系到朋友们，还能联系到朋友的朋友们。随着“喜欢”“群组”和其他集群方式的增加，我们正在遇见彼此、联系彼此，彼此之间发生越来越多的联结。我们和他人的联系可能范围更大，但亲密度可能更低。许多后果暂时还看不出来。与此同时，我们正在加速编织一张围绕全球的关系网。

螺旋式变化

变化的另一个显著方面是："变的现象虽多，背后必有不变的东西。"随着时间的推移，变化呈螺旋式。变化通过分化与聚合的互动实现循环发展，有意无意地受到一种意图的引导。例如，卫生保健的主要目的是确保我们的安康，这个目标导致人们为了活命而不惜一切代价地做任何事情。技术改变了很多事情。现在即使大脑消失了，我们还可以让身体保持呼吸。这种改变所产生的社会、情感、经济和其他涟漪影响着许多个人和整个社会。在特丽·夏沃（Terri Schiavo）一案里，针对是否对这个持续处于植物人状态的女人停止生命支持，政府、她的配偶和她的父母产生了分歧。这件事促使我们重新集体审视确保个人福祉的意义。临终关怀运动正日益壮大。一些州通过了"有尊严的死亡"法案，使医生协助的自杀行为合法化。这样的做法是否有争议？ 毫无疑问是有争议的。尽管如此，确保个人福祉意味着什么？围绕着这个永恒话题，一种新的连贯性正在以一种新的形式重新出现。变化的这种螺旋式舞蹈永不停息。然而，我们中的许多人在收获开始出现时都希望能留住收获。

可持续性

当人们已经成为涌现式变革过程的一部分时，最常被问到的问题也许是："我们如何让变革持续下去？"有些人谈的是变革的产出，即他们在互动中产生的有形的结果或承诺；另一些人指的则是与以前不认识的人之间建立的深厚联结，而这些人的背景通常与其不同。

通常情况下，参与主持工作的人已经准备好脱下他们的领导外衣。他们投入全部的精力创造丰富的条件，以促使一个多样化的群体开展互动并产出一些有意义的东西。人们会欢喜庆祝的产出可能如以下所述：

- 人们得到锻炼，精神焕发，更清楚自己下一步要做什么。
- 往往不太可能发生的新的伙伴关系形成了。
- 一些让人们焕发活力的新举措开始实施。

即便没有引导师的进一步支持，互动产出的许多成果还会继续存在，人们的兴奋和承诺是背后的推动力。

尽管如此，我们大多数人都强烈希望保持变革的成果。许多人主要关注有形的成果：发明的产品，启动的项目。另一些人则依靠变革形成的充满创造力和吸引力的社区实现自身的发展壮大，并努力保持社区的活力。社会学研究告诉了我们，如何才能让变革成果持续下去：

- 理想未来的图景促使我们采取行动。
- 像大多数哺乳动物一样，我们的茁壮成长有赖于相互支持。
- 我们可以通过邀请新的引导师介入，带来新的能量和想法，从而保持这些火焰的活力。
- 我们可以在通信基础设施方面进行投入，定期面对面交流，或者使用电话会议和其他技术来分享正在发生的事情。
- 在线社交技术可以支持持续对话。

- 通过主持更多的对话，通过与涌现共舞，我们可以学到更多技能，从而使不同人之间富有成效的互动体验显得不那么异于寻常，更常态化。

所有这些活动都是有价值的后续步骤。它们的到来也提醒我们要小心。通常，我们对可持续性的愿望是对静态、可预测、不变的可靠性的一种隐含愿望。这些特点会让你付出高昂的代价，下一次剧变的种子就蕴含其中。

带着适应力接触可持续性。把可持续性看作一种系统与不断变化的现实保持一致的能力。系统可以从干扰中恢复并保持其主要身份，满足自身需求的同时也关注后代满足其需求的能力。有先锋地位的环境科学家、可持续发展研究所（Sustainability Institute）创始人德内拉·梅多斯（Donella Meadows）在她去世后出版的《系统之美》（*Thinking In Systems：A Primer*）一书中，优美地描述了静态稳定性和动态稳定性之间的区别：

静态稳定性是你可以看到的，你可以根据一个系统的状况日复一日年复一年的变化来衡量静态稳定性。适应力是一种很难看到的东西，除非你超越了它的极限，使其不堪重负，破坏了平衡的循环，系统的结构也随之崩溃。如果没有系统全局观，适应力可能不明显。人们经常为了稳定性、生产率或其他一些更容易即刻识别的系统属性而牺牲适应力。我认为适应力提供了一个平台，系统可以在此平台上运作，安全发挥其正常功能。拥有一个有适应力的系统就有了一个很大的平台，有很大的回旋空间，如果有人靠近危险的边缘，会被温柔而有弹性的墙壁反弹回来。当一个系统失去了适应力，它的平台就会萎缩，它的保护墙就会变得越来越低矮、僵硬，直到系统宛若在刀锋上运行，无论何时采取行动，都可能向一个方向或另一个方向掉下去。适应力的丧失可能是突然发生的，让人大吃一惊，因为系统通常更关注游戏本身，疏于关注游戏空间。有一天系统做了一件已经做过几百次的事情，却发生了崩塌。①

如果我们能培养清晰的意图和良好的关系，人类的各种系统就会具有适应力。如果我们主要是关注项目，那么当项目结束时，我们付出的各种努力将随之消失殆尽。如果除了关注项目，还培养了共享意愿和相应的社会结构，那么一个充满活力的实践社区将在很长一段时间内继续以充满创造力的方式回应各种复杂的问题。

与涌现共舞的领导力涉及管理共享意图、关注社会结构，这两者都需要有让人们感觉受欢迎的对话空间。对话式领导力知道如何与涌现共舞，邀请我们所有人参与领导的工作。这也是一个螺旋式的转变，重新定义了领导者是谁、领导力是什么。我们正在努力创造一个领导力新故事，将领导力等级架构的顶层转移到网络的各个节点上，这个话题值得用一整本书来谈论。

迭代的窍门

涌现式变革是一次变革循环的一部分。这样的变革一再发生……随着时间的推移，总会收获回报。

---

① Donella H. Meadows, *Thinking in Systems: A Primer*, ed. Diana Wright（《系统之美——决策者的系统思考》，White River Junction, VT: Chelsea Green Publishing Co., 2008）, 77, 78.

管理共享意图。随着事件的展开，我们会周期性地确认自己存在的理由仍然是有意义的，仍然激励着自己。重新审视共享意图会让我们感觉浑身又充满了力量，重新振作起来，常常提醒我们，为什么在工作遇到困难时我们还会说“是”。

关注社会结构。有归属感时，人们会愿意发挥天赋，努力担当。有了共享的目标，社区意识会让承诺之火持续燃烧，激发更多的创造力和创新。

当“它”成型时，把“它”送出去。我们的成果越有吸引力、越平易近人，就越能鼓舞其他人参与进来。新的参与者带来新的活力和问题。虽然干扰是其中的一部分，但我们现在知道，干扰会激发创造力的火花。所以，要让人们更容易参与进来。

保持信心。我们的行动会带来一些影响，而这些影响的生根和成长都需要时间。如果我们所做的事情很重要，那么我们就要坚持下去。

我们已经探讨了涌现的本质，也分享了各种方法来让自己做好准备、担任主持人、向前一步把自己投入涌现式变革中、实现变革的可持续性。在第三部分中，我们会看看将这些方法应用在实践中需要遵循哪些原则。这些原则会帮助我们更深入地理解那些在涌现式变革中发挥作用的各种力量，从而让我们获得解脱，更有创造性地应用这些方法。

第三部分

与涌现共舞的原则

坏消息：没有一把钥匙可以打开宇宙之门。

好消息：宇宙之门从不上锁。

——《开悟的十个指导原则》（*Ten Guidelines to Enlightenment*），美国幽默作家斯瓦米·比杨达南达（Swami Beyondananda）

一项原则就是一种基本理解或一个假设，指导我们对事情理解得更深刻或采取进一步行动。原则可帮助我们实现乱中生序。

如果说方法能指导我们如何去做事，那么原则能帮助我们理清该做什么。原则描述了一片风景，让我们能够辨别有用的特征，从而做出有效的选择。原则支持我们设计自己的活动，组织自己的工作，也组织好自己，并决定要做什么、如何能做到最好。例如，人们耳熟能详的一条医学原则是“首先，不伤害”，这一基本原则没有规定具体的方法，却告诉我们如何做出生死攸关的决定。

通过把对各种涌现式变革流程方法的理解与涌现式变革相关的科学知识联系起来，我得出了与涌现共舞的五项原则。我提出了以下问题。

如果涌现式变革是通过如下方式发生：

- 简单的规则
- 没有负责人
- 邻里之间的反馈
- 同类集群

这对我们如何与涌现共舞有什么启发?

以下五项原则就是我对这个问题的答复。这五项原则支持我们实现与涌现共舞。

欢迎干扰。破坏性事件的发生说明系统的正常行为已经中断。如果我们忽视这种干扰，情况很可能会变得更糟。如果我们对此感到好奇，这种破坏可能会带来突破。

敢为先锋。通过做一些不同的事情来打破一些习惯。做好准备，跳进神秘之地，根据由此引起的反馈随机应变。

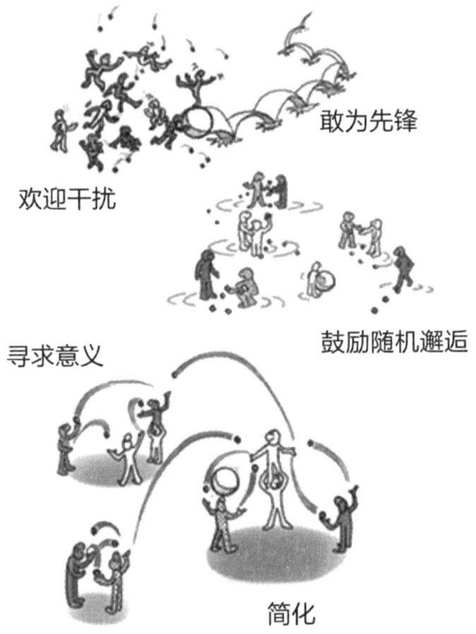

与涌现共舞的原则[①]

鼓励随机邂逅。记住，没有负责人。更确切地说，我们永远不知道哪些互动会对创新起到催化作用。意外的邂逅可能会触发一个转变，带着这样的认知，我们让不同介质之间发生尽量多的互动。

寻求意义。意义会让我们精力充沛。连贯性会自我分化、自我更新，意义也会引导我们前进。当我们发现对自己有意义的事情对别人也是有意义的，我们就会走到一起。物以类聚，人以群分。共享的意义使我们有共同的意识和行动。当共享意义成为核心时，我

① 插图作者是 Steven Wright，steven@wrightmarks.com.

们就会形成有韧性又有凝聚力的人际网络，服务于我们的个体需求和群体需求。

简化。原则（简单的规则）使我们能够应对复杂性。当原则被打破、情况变得混乱时，什么是必要的？什么可以服务于当下？随着答案的形成，我们将围绕那些经过改造的最核心的原则，形成一个更加多元也更复杂的系统。

接下来的 5 章将更深入地探讨这些原则。每一章包含一个讨论、一个故事和支持该原则的一些通用方法。

第8章

欢迎干扰

只有在没有希望的时候，希望才是有意义的。

——知名环境经济学家、环保思想家与作家保罗·霍肯（Paul Hawken）在2009年的一次毕业典礼演讲

我们的世界被颠覆时会变成什么样子？当汽车工人们不仅失去了工作，而且失去了一种塑造他们的生活、他们的孩子的生活、他们所在社区的生活的方式，他们的感受是什么样的？抽象地说，我们可以轻易说出这样的话："他们制造了劣质产品，罪有应得。"我敢肯定，谁也不会对一位悲伤的汽车行业从业者说出这样的话：他们认为自己的工作对社会是有贡献的。

欢迎干扰可以让我们放下改变的痛苦，转而关注改变的可能性。

我们如何在混乱中发现潜能?

知道乱中生序不是很有用吗?冲突、差异和破坏都是最好的标志,告诉我们最好行动起来。与涌现共舞是处理棘手问题的好策略。知道我们有一个可行的方法,让我们有一个保持乐观的理由,何况还能解开一两个心结。与其因为不知道要做什么而举手投降,我们不如积极地采取行动。我们知道与涌现共舞的方法,这些方法可以找到更好的解决方案,这些方案是全新、连贯、持久、完整且不断变化的,对个人行为也会产生积极的影响。

通过实践我们更容易在混乱中看到机会,并在面对混乱和不和谐时选择可能性。态度很重要。请记住,专注于可能性是一种选择。当面对阻碍我们前进的挑战时,意识到这一点不是很有用吗?通常伴随剧变而来的焦虑是生命的能量,充满潜能。

当某件事表现得不同寻常时,破坏就会发生,我们不妨学习如何妥善应对。我们可以培养适应力,即在风暴中保持冷静的能力,或者至少在风暴来袭时有复原的能力。大多数人会受到周围人的影响。当我们表现得镇定自若,认为在混乱中会发生一些有用的事情时,我们就会带领其他人和我们一起前进。我们越是沉着地面对未知,寻找可能性,就会向别人释放更多他们也能做到的信号。

让我们做好准备与涌现共舞的那些方法(拥抱神秘、选择可能性、追随生命能量),可以帮助我们踏上旅程。2004年,我在巴勒斯坦的拉马拉(Ramallah)主持一个欣赏式探询工作坊,有幸目睹了30名巴勒斯坦教师在混乱中寻找可能性。欣赏式探询的基本原则就是提出可能性导向的问题,聚焦于什么是有效的,什么是可能的,以激发人们智慧地开展协作。(请参阅"涌现式变革流程方法概览"

一文，了解欣赏式探询的流程）

正如下面的故事所展示的，欢迎干扰有助于我们找到种种积极的可能性，同时获得勇气与陪伴，这些使我们即使在充满挑战的情况下也能采取行动。

为工作坊做准备时，我问主持人，一个什么样的主题才能让参与者体验到欣赏式探询。她告诉我，所有巴勒斯坦人都在努力与被占领状况共存。我明白了她的意思，感觉自己有些喘不过气。我怎样才能写出与被占领状况共存的欣赏式问题呢？这超出了我的经验。我们决定以领导力为主题。第一次交流给了我一个提醒——当我进入一个陌生文化的神秘世界时，事情的发展可能不符合预期。我睁大双眼，竖起双耳，接纳所遇到的一切。

第一天工作坊结束时，参加者们已经通过一个欣赏式探询的过程，确定了伟大的领导者要具备什么特点。我心烦意乱，因为他们只是在谈论抽象的领导力，描述他们希望自己的总统具备什么样的品质。然而，通常情况下，这种欣赏式探询的过程会让我们对自己作为领导者的个人能力产生洞察。

第二天开始时，我想给大家带来更多的可能性。我不确定怎么做到这一点，只知道那是我的目的。工作坊开始时，我们围坐一圈。我让大家回想一下前一天的工作坊经历。几分钟后，有位女士说起自己的生活多么困难。现在，对那些花几个小时等待通过检查站的人，或者和家人被一堵墙隔开的人，或者眼睁睁看着财产被毁或亲人受伤的人，“困难”有了不同的含义。其他人开始抱怨。这些人一直在与干扰共存！我深吸了一口气，意识到他们的抱怨是一个突破口。我问他们是否愿意把欣赏式探询应用到他们的生活中。他们说好，我如释重负地呼出一口气，因为他们选择了可能性。

于是，所有参加者分成四组，分别选择一个主题，并提出两个欣赏式问题：一个是涉及个人故事的问题；另一个是涉及未来的问题。场面变得很疯狂！他们在小组内交流时说阿拉伯语，我去检查他们的工作时，他们就改说英语。每个小组都努力地把“对抗那面墙”和“和检查站斗争”这样的话题转变为“与那面墙合作”“有用的检查站”。将痛苦转化为富有成效的提问，这是一种彻底的重构！

那个选择“有用的检查站”的小组发现了一个新颖的方式来测试他们的主题。他们集思广益，想出了一串证明检查站有价值的方法。请注意，这是一个巨大的矛盾。我经历过这样的场景：一个年轻的以色列士兵只是在履行职责，当他的同伴检查我的文件时，他（从远处）用步枪瞄准我的脑袋。许多巴勒斯坦人每天都要面对这样的场景。

当参与者们用自己找到的欣赏式问题互相采访时，我感觉到房间里的能量在转变。当我们总结学习收获时，大家的分享很深刻。被占领不再是愤怒和绝望的唯一原因，参与者发现了一些独特的地方，赋予自己信心和力量。他们发现的洞见包括：在每件事情中寻找好的方面，跳出问题来看待问题，有志者事竟成，以人性善待彼此。当天的工作坊开始时，这些人感到自己是无能为力的，后来他们找到了答案，知道如何在一个看似不可能的情境里保持自己的尊严和力量。生命的能量来自直面现实。他们找到了方法，创造性地与被占领的状况共存，甚至可能会收获一些种子，用以结束被占领的状况。

如果我们把焦虑拒之门外，参与者可能也会把他们的真实经历留在门外。如果他们把自己的真实经历留在门外，我们就无法充分体验在一个重要的课题上应用欣赏式探询所带来的神奇效果；如果我们没有把欣赏式探询应用于一个重要的课题，就不会发现新的可能性；如果我们没有发现新的可能性，就不会激发生命的能量，而新的生命能量又会激发新的态度。我们通过拥抱神秘、选择可能性、追随生命能量来迎接干扰，我们心怀仁慈地寻找面对剧变的方法，找到战胜既定命运的力量。对参与者来说，这是多么好的一堂课，可以带回给他们的学生！ 他们可以让自己的学生在面对混乱时，对自己、对那些在一个有害的环境中与自己纠缠不清的以色列人，表现出更多的仁慈。

欢迎干扰的窍门

准备

拥抱神秘：寻找隐藏在未知中的礼物。

怎样才能接纳未知呢？

放下需要立即得到回答的想法。

选择可能性：发出召唤“可能是什么呢？”

什么是我们想要更多的？

寻找有指导意义的积极意象。

追随生命能量：相信更深层的方向来源。

是什么在我们不知道的时候指引我们？

追随当下显现的能量。

参与

开展欣赏式探询：大胆提出一些关于可能性的问题。

我们如何激发会产生积极行动的探索？

提出一些关注积极意图的问题，并邀请他人和我们一起行动。

欢迎干扰主要关乎态度，而下一个原则（敢为先锋）针对什么样的行动会带来成功提供了指导。

第9章

敢为先锋

永远不要告诉别人该怎么做。他们的聪明才智会让你大吃一惊。

——《我所知道的战争——巴顿将军自传》(*War As I Knew It*),

二战期间美国著名的乔治·巴顿将军(General George S. Patton, Jr.)

关于涌现式变革，先行者们可以教给我们很多东西。通过协调资源，争取支持，先行者们开启了自己的未知之旅，清晰而轻松地抱持着自己的意图，不执着于任何具体的结果，表现出超强的适应力，欢迎来自他人和环境的反馈，以不断自我调整。邀请持有不同观点和技能的合作伙伴也会提升先行者的成功概率。

先行者们知道，在熟悉环境中起作用的那些假设在我们进入未知领域时会发生改变。他们知道打破旧习惯需要勇气。虽然心怀仁慈可能不是先行者需要具备的一种传统技能，但在我们跌跌撞撞地进行尝试的过程中有喜也有忧，心怀仁慈可以帮助我们继续前行。

我们如何发现前行之路

寻找新方向，改变想法，[1]勇敢行动。如果你还抱持某些执念，就放手吧！如果你在随波逐流，就上岸吧！如果你正专注于内心，就看看外面发生了什么。如果你正在下游工作，就看看上游发生了什么。敢为先锋，包括打破习惯、做些出人意料的事情、打破老一套的反馈循环。

虽然敢为先锋是放下已有习惯的一个过程，但习惯肯定有习惯的用武之处。还记得自己学习开车的经历吗？你需要付出很多精力，高度专注。一旦我们学会了这种模式，即一旦这种模式成为一种习惯，我们就可以把精力集中在其他地方。可靠性是有价值的，所以，武断地去做出人意料的事情是不可取的做法。

然而，当我们需要改变时，习惯可能会成为障碍。健康的改变会在我们的习惯和我们的开拓精神之间制造不断变化的张力。没有习惯，我们无法保持正常生活；但是没有干扰，我们就没有学习，改变也就无从谈起。我们既需要熟悉，也需要陌生，既需要重复和习惯带来的舒适感，也需要新发明带来的兴奋和神秘感。

知道何时踏上新的旅程以及如何踏上，还知道何时要顺势而为，这就是艺术。环境很擅长给我们反馈，我们只需要聆听接收到的信

---

① 苹果公司在一次广告活动中提出 Think Different（非同凡想），并让其广为人知，在一次新闻发布会上，苹果公司说这个创意很有意思，就像我们会说 Think yellow、Think change 或者 Think playful。Stephen Paul Gnass，“The People That Put On The Invention Convention®.” Invention Convention，2005，www.inventionconvention.com/grammar.html（accessed April 17，2010）.

号，并相应调整。当一切都很和谐时，我们就照常进行工作；当失调发生时，我们就做一些有悖直觉的事情来打破习惯。

关于信号，以下是一种非同寻常的激进的思考方式：如果我们把一次恐怖袭击看作系统正在对我们大喊大叫，会发生什么？这样一种邪恶的行为可能传达什么有益于我们幸福的信息呢？ 这样的问题会带领我们进入未知的领域，针对恐怖主义的根源和应对措施给出不同的反馈。

提出一些打破习惯的问题需要动用我们所有的感官。很重要的是，我们关注谁，关注什么。我们听到的观点有多么多样化？ 街上的路人或者一线工作者与那些在选举办公室或董事会会议室里的人们获得的信息是不同的。我们有多少种接收外界信息的方式？我们可以看、听、品尝、触摸和闻，以及通过像直觉这样微妙的感觉感知。现在通过计算机可以看到超出人类自身感知范畴的信号。时机也很重要。由于在理解气候变化信号方面存在滞后现象，我们解决气候变化的能力受到了挑战。要及时理解气候变化的信号，我们就需要做出巨大的行为改变，那么如何开始呢？

在进入未知世界之前，我们要尽量做好准备，这是很有意义的。我们的优势是什么？ 我们有什么资源？ 我们应该邀请谁来加入我们的行列？就像做一个好主持人一样，通过确定一个明确的意图，邀请不同的伙伴加入，并以冒险精神迎接前进道路上发生的任何事情，我们可以为开展一次未知世界的探险做好准备。更重要的是，先行者会听从一个敦促其采取行动的呼唤，他们是为自己的所爱承担责任的大师。

这里有一个我从自己的视角讲述的故事，讲的是人们踏上通往论战中心地带的一段曲折旅程。这个故事强调了在要求人们进入未知水域时，组织一次探险需要付出什么样的代价，并展示了一种方法，帮助人们做好准备，根据当时的反馈做出调整。

2005 年，我的一位同事，索诺·桥崎骏女士（Sono Hashisaki），联系我和她一起处理一个很有挑战的状况：牵涉美国西北部四个沿海的印第安人部落、国家海洋保护局（National Marine Sanctuaries，ONMS）的国家海洋和大气管理办公室（National Oceanic and Atmospheric Administration，NOAA）、华盛顿州的奥林匹克海岸国家海洋保护区（Olympic Coast National Marine Sanctuary，OCNMS）。这几方之间的关系在过去两年间已经极度紧张。一场潜在的冲突使他们的关系进一步恶化。由于无法达成共识，这些部落向位于华盛顿的国家海洋保护局的国家海洋和大气管理办公室提出上诉。

于是，一次“厘清冲突议题和冲突地带”的会议便被提上了日程。出于对索诺的信任，那些部落选择她来做这次会议的引导师。她要面临的第一个挑战是：没有人认为这次会议会产生任何有用的结果。第二个挑战是：在这次会议之前，“联邦政府部门”和“四个部落”分别开会审议自己的立场。索诺和我能做些什么来改变现状呢？

当索诺为我描述这个场景时，我们意识到，召开这次会议的官方原因和参与者真正想要达成的目标是不一样的。我们需要创造条件让相关组织有效地解决他们之间的冲突。

我们选择使用开放空间技术，因为这个技术造成的冲击是最轻柔的。我们提出了一个很宽泛的问题，邀请人们谈谈对他们个人而言最重要的是什么。由于双方都做了最坏的打算，因此我们的设置很灵活。我们的目的是让参与者当场发现他们之间的差异。

在会议召开的那天早上，作为启动仪式，由部落首领欢迎18个人进入会议空间，索诺和我邀请人们来组织议程，由此启动了“开放空间”。然后我们就把空间让给了他们。第一轮小组讨论开始时，我们坐在场边。索诺向我简单介绍了场域内的关系动态——谁和谁坐在一起，谁被单独留下。有一组的关注点是政策和政府关系。尽管身边就有椅子，他们还是站在那里，双臂交叉，谈了一个多小时。最后，就在午餐之前，他们放松下来，坐在椅子上，开始了富有成效的谈话。后来证明，午餐那段时间宛如孕育期（或消化期）。当他们重新开会时，“四个部落”和“联邦政府部门”在20分钟内就创纪录地达成了协议。参与者取消了最后一轮的分组讨论，我们“圈起来”，围成一个圈，展开结束会议前的反观活动。

在这个环节，有几个人感谢了他们的对手，说这是他们经历过的感觉最受尊重的会议之一。印第安事务局的一位代表称赞了所有人，说这是他所见过的联邦官员与印第安人之间最富有成效的会议。

我们在会议上做得那么少，结果却那么好！发生了什么？我们做了功课，用我们的已知为未知做准备。根据索诺提供的背景信息，我们知道大家对这次会议的期望值很低，我们也知道会面临什么样的挑战。鉴于这样的情况，我们澄清了潜在意图，提出了一个可以组织参加者展开交流的问题，并利用开放空间的简单性营造了一种欢迎的氛围。我们的工作为活动创造了这样的条件：无论发生什么，参加者们都能适应。我们确信参加者可以解决冲突，于是我们选择让开，这样与会者就可以为对其而言重要的事情承担责任。

敢为先锋的窍门

聚焦意图：明确我们的使命

什么样的目标会打动我们？

同频。去感知和觉察，在你的内在、他人那边，还有你的环境中，有什么东西在萌动。

表达欢迎：培育好客空间

我们如何培育条件以收获尽量好的成果？

创造一种欢迎的态度——体现在身体方面、社交方面、智力方面、情感方面和精神方面。

邀请系统展现多样性

我们如何才能包容某种状况的真实复杂性？

去接触那些已经身处局中的人：有权威的人、有资源的人、有专长的人、有信息的人和有需求的人。

把为你的所爱承担责任当作一种服务的行为

如何利用我们之间的异同来让改变发生？

参与到重要的事情中去，过程中保持聆听和联结。

聆听：广泛而深刻地感知，用自律去见证

我们如何能更充分地了解彼此，了解我们的环境？

注意运用所有的感官去学习和适应。

敢为先锋发展了我们的灵活性、反应力和适应力，教会我们要敏感地接收各种反馈，帮助我们在可能性出现时体验到破坏带来的好处。进入未知的世界虽然富有挑战，但也令人兴奋。我们永远不知道哪些遭遇会让改变发生。

第10章

鼓励随机邂逅

生命是神秘力量连续干预的结果。

——《赫拉克利特之火》(*Heraclitean Fire*),

奥地利生物学家埃尔文·查戈夫(Erwin Chargaff)

没有负责人，还记得之前提过的这个理念吗？涌现式变革的这个特点常被人提及，也在提醒我们，在复杂的系统中，改变不是通过命令和控制发生的。尽管告诉一个系统该做什么这个想法很有吸引力，但你会从哪里开始呢？想象一下，命令一个医疗保健系统变得亲民起来、人人负担得起，会有什么效果。即使是一位首席执行官，发布了一个让人意外的命令，也可能要等上一段时间，才能看到自己的命令被落地执行。毫无疑问，在2009年的经济危机中，汽车行业的高管们认识到了一个痛苦的事实，那就是他们并不能掌控所发生的一切！要改变系统，无论系统的规模多大——家庭、工作团体、组织、经济体，甚至我们自己的行为，这件事都只能间接达成。即使不能告诉一个系统发生改变，我们也可以创造一些能够支持一个系统发生改变的条件。

如果我们说“每个人都是负责人”，会发生什么呢？这样会为变革创造更好的条件吗？以足球比赛为例，一场足球比赛是一个动态的过程，如潮起潮落，球员之间相互依赖与合作的程度都非常高。每个人都很重要。球的不断移动，球场的情况，现场人群的各种声音，都影响着比赛会如何展开。虽然“每个人都是负责人”这句话可能会激励更多人参与进来，但还是不太对劲。毕竟，我们需要理解游戏规则，也需要了解我们的对手。

如何创造条件让系统中不同成员之间的随机互动引发突破

这个问题是涌现式变革的核心难题，让许多人感到沮丧，也让一些人感到高兴。我们不知道彼此之间的哪些互动或哪些互动的混合以什么样的顺序发生会催化涌现式变革。

涌现式变革的魔力大都来自我们之间那些未必会发生的偶遇。一个古老的拉比故事有这样一个说法，因为我们不能提前认出谁是弥赛亚（耶稣基督的另一个称谓），所以最好假设任何人都可能是弥赛亚。这是种多么积极向上的态度啊！任何人都可以说出让我们感到意外的洞见，或者发现我们之间存在的那种能够让改变发生的合力，而那个改变随后又会被其他人放大、发展。也许有一天我们可以预测这些事情，但今天还预测不了。我们说不出来什么样的知识、技能和关系的结合能够促成一个突破性的进展，这不是很令人兴奋吗？ 如果我们与持不同观点的人对话的唯一体验是这样的，则对话会造成分崩离析，变成一场大嗓门的比赛，突破是不可能发生的。在那种情况下，鼓励随机邂逅，很可能会让人感觉心惊胆战，很不舒服。

好消息是，多年来，人们一直成功地运用涌现式变革的各种流程方法，让发生冲突的不同群体聚在一起，收获很好的成果。我们知道如何创造条件可能间接导致涌现式变革的发生。

此外，信任、尊重与合作不是必要的先决条件，尽管这些是常见的结果。事实上，冲突、不信任和画地为牢的人，都是与涌现共舞的生命能量之源。

良好的主持（有明确的意图和让人们感觉受欢迎的各种条件）会创造空间，让一些有用的事情可以发生。邀请来自系统各个方面的人，完全带着各自的冲突、立场和关注的各种议题，这样的做法打开了创造性参与的道路。一旦人们到场，主持人邀请他们把为自己的所爱承担责任当作一种服务的行为，就会激发他们投入服务所有人的创新活动中。

世界咖啡的创造者朱安妮塔·布朗与我分享了一个鼓励随机邂逅的故事。通过创建一个鲜活的对话网络，不同的小团体相互联结，聚焦于共同的“重要问题”，世界咖啡的流程可以促进战略性对话。这个过程鼓励集体智慧和坚定的行动。（请参阅“涌现式变革流程方法概览”中关于世界咖啡流程的描述）

这个故事描述了哈佛大学肯尼迪政府学院前研究员萨曼莎·谭（Samantha Tan）在自己的祖国新加坡的一些发现，突出了我们从随机邂逅中收到的那些意外礼物，特别展示了发现我们之间的共同纽带具有什么样的力量和重要性。

故事开始于萨曼莎回到新加坡后。她了解到，世界咖啡这种开展大规模对话和参与的方式正在支持新加坡实现成为“学习型国家”的目标。世界咖啡的流程通过一轮轮对话，围绕关键问题，有意融合不同的观点，支持人们之间一次次不期而遇，发现各种有创意且可以付诸行动的可能性。

因为有政府工作人员的经历，萨曼莎试图回答这样一个问题：“我们如何在掌权者和社会中的其他声音之间建立桥梁，从而让新生事物可以逐渐涌现？”在她的世界咖啡学习之旅中发生的一些小插曲，让她感知到新加坡各地正在发生什么样的事情。

枪支和花朵

在一次世界咖啡的会谈活动上，警察局的高级职员和初级职员坐在了一起。小小的世界咖啡会谈桌上铺着格子桌布，放着花瓶，来自三四个不同等级的人，都穿着制服，随身携带枪支，坐在桌边平等地交谈。他们正在真正地相互聆听，并且“听见”彼此的观点，这对他们而言可是破天荒的头一次。例如，他们讨论了街头巡警如何受到警车里安装的计算机跟踪系统的影响。

在这次世界咖啡会谈之后，那些警局高管们说：“我们现在意识到，无论我们的想法多么独具匠心，要制定有效的政策，我们都需要了解一线人员的想法。”警局的基层官员开始意识到，高管们不是只想像独裁者那样发号施令，他们确实很关心基层警员的福利。

通过对话滋养社区创新

通过国家社区领导力学院（National Community Leadership Institute，NACLI），新加坡人民协会（The People's Association of Singapore）决定将世界咖啡与本土文化融合，在不同部门的政府代表、不同种族团体的基层领导人、持不同观点的团体的基层领导人之间，创建了“民间”（People to People，P2P）对话活动。他们使用了一个世界咖啡的创意变体，称之为“本土知识咖啡馆”（Knowledge Kopitiam）。本土咖啡馆（Kopitiams）是新加坡传统风格的社区咖啡馆，自从早期移民时代，本土咖啡馆就是当地人常去的地方。

通过为其对话活动重新创建一个传统的本土咖啡馆环境，NACLI 启动了“本土知识咖啡馆”项目，并把这种方法称为“知识旅行的过程”。NACLI 的杂志咖啡谈（Kopi Talk）宣传了这种“新旧结合”的方式，鼓励不同选民在关键问题上提出创新想法。本土咖啡馆的做法开始到处落地开花。

在体验了本土知识咖啡馆以及咖啡馆中产生的创意之后，时任通信和信息技术部高级议会秘书的雅各布·易卜拉欣（Yaacob Ibrahim）发表评论说：“今天我们想要引发一场革命，不是要推翻政府，而是为了重塑自我。对我们而言，要发展成为一个有凝聚力、见多识广的民族，这些民间讨论至关重要。”

关心是什么意思

对我来说，在即将结束新加坡之行的时候，关于世界咖啡活动中意外邂逅的力量，我得到一个最让我吃惊的发现。那是我访问新加坡期间参加的最后一场世界咖啡活动。在警察局和房屋发展委员会负责组织学习的一些关键人士召开了那次会议。我们在咖啡区中心地带提出这样一个问题："关心是什么意思？"作为新加坡人，我们常常认为自己讲逻辑、有理性、很高效，而且是结果导向的。我们想看看，如果从不同的视角看待我们国家的发展，会发生什么？

那天下午发生的一件事揭示了我们更深层次的共同渴望，我们都想跨越阶级、种族、性别、权力和其他种种经常将我们分开的维度的界限。在咖啡空间里，有一位穿着朴素的女士看起来和这个地方格格不入，但我知道她是应邀前来的参加者。我就称其为"端茶小姐"——在我们的社会中经常被忽视的一位服务人员。

在几轮咖啡会谈结束时，我们来到所有人一起参加的会谈环节。在已经和许多陌生人交谈过之后，这位"端茶小姐"勇敢地站起来说了一番话，语气温柔，但显得很笃定："你知道，感受到人们的关心很重要，因为当人们表达关心时，生活就有了价值。"她的话语中透露的人性直指人心，房间里鸦雀无声。她的话语反映了一个普遍存在的问题——功利主义，因为有这种心态，有时人们会觉得自己就像个机器的零部件，这个问题让人们不仅有深深的无力感，而且灵魂也饱受摧残。她的话语打动了我，打动了每个人。在那个房间里，我知道，因为她出人意料的贡献，有些政策方面的决定会发生改变。人们也发现了一个人不可能发现的意义。

如此简单的词语，却产生如此大的影响。意外邂逅可能带来各种可能性。人们在咖啡桌之间随意移动而产生的互动会增进理解，激发新想法，并让那些未曾言说的共同渴望浮现出来。那一刻永远地改变了我。

鼓励随机邂逅的窍门

聚焦意图：明确我们的使命

什么样的目标会打动我们？

同频。去感知和觉察，在你的内在、他人那边，还有你的环境当中，有什么东西在萌动。

表达欢迎：培育好客空间

我们如何培育条件以收获尽量好的成果？

创造一种欢迎的态度——体现在身体方面、社交方面、智力方面、情感方面和精神方面。

邀请系统展现多样性

我们如何才能包容某种状况的真实复杂性？

去接触那些已经身处局中的人：有权威的人、有资源的人、有专长的人、有信息的人和有需求的人。

开放：接纳

我们如何为整个故事（好的部分、坏的部分或无关紧要的部分）腾出空间？

愿意多待在问题里面，而不是待在答案里面。

把为你的所爱承担责任当作一种服务的行为

如何利用我们之间的异同来让改变发生？

参与到重要的事情中去，过程中保持聆听和联结。

联结：弥合分歧，与他人建立联系

我们如何将自己与自己的想法和那些与自己相似或不同的人联系起来？

聆听深层含义，寻找共同点。

我们不知道哪些互动是重要的，承认这一点，就为我们邀请来的人以及我们将如何互动建立了一种不同的规则，鼓励我们专注于发掘未知的潜能。当我们这样做的时候，我们有可能发现意义、发现深层的联结，也发现创新的想法。

第11章

寻求意义

真理和事实之间有天壤之别。事实会掩盖真理。

——《我梦到一个世界：改变美洲的黑人女性画像》

（*I Dream a World: Portraits of Black Women Who Changed America*），

美国黑人女作家玛雅·安吉洛（Maya Angelou）

许多人感觉进入涌现式变革的未知之境就像经历灵魂的黑夜——体验到一种内在的斗争，一种对人生目标的质疑，常常会导致精神的觉醒。为什么在开展涌现式变革的时候，我们不相信它会带来有用的东西，不仅是有用的，还是有深刻意义的东西？

如果没有意义，什么也不会发生。美国印第安人组成的易洛魁联盟的奥伦·莱昂斯（Oren Lyons）慷慨陈词："我们要一直谈到真理显而易见，除此无他。”这样的真理就是行动的开端。当我们都能在涌现的事物中找到意义时，我们的关系（彼此的关系，以及我们与自己的关系）就会发生明显的变化。作为整体的一部分，我们对整体的感知会更加微妙，也会收获更丰富的质感。不同的观点，不会把我们分开，反倒会让我们联结得更紧密。

我们如何揭示对个人和整体而言什么东西是重要的

只要有时间反观，人类就有一种自然的能力来识别各种不同的模式，发现以前不存在的连贯性。但是哪种模式重要呢？我们如何发现那些会让我们感动的人呢？

当涌现式变革的实践者围绕大家关心的主题，把相互冲突的不同群体聚集在一起时，这个过程就像通过延时摄影来观察一个演化的过程。一个有吸引力的组织活动的意图提供了一个初始方向。然而，人们的表现往往是愤怒或困惑，充满不信任，各持己见。很有可能，这些感觉的产生是因为其中许多人非常喜欢一些当下对其而言有意义的东西，这是可以理解的。好的主持方法会创造条件，鼓励人们真诚交流，支持他们放松对自己珍惜的东西的控制。在这个过程当中，将更加复杂而多元的人和想法联系起来的意义会逐渐显现。也许在随机形成的一小群人中，对话会自然发生。欢迎不同观点的信号或明或暗，受这些信号的暗示，交流变得越来越文明，参与者对彼此会更加好奇。当他们逐渐敞开心扉，他们可能会分享什么是自己所爱，什么让自己受伤，什么让自己生气，什么让自己害怕。一旦清空了各种思想包袱，他们就会谈起自己的渴望、希望和梦想。

有时候，笑声响起来，这是能量已经转变的信号，这个现象就像从冰到水这个过程中发生的相变。当人们开始为自己的行为负责时，他们就不需要花费那么多精力照顾整体，他们开始互相关心。团体发生分离和重组，成员们都会带来之前的相遇过程中收获的种子。这样的体验让许多人心动，继续和其他人交往，一些不同寻常的事情开始发生。

围绕着几个关键想法，人与人之间建立了联结，人们甚至可能发现喜欢上了彼此，或者至少互相尊重。他们注意到同样的主题无处不在。物以类聚，人以群分。人们还没有意识到，各种团体就形成了。人们没有试图达成广泛的协议，就已经形成对一个共享整体的忠诚感。人们发现，对个人而言最有意义的事情也是有普适性的。在保持每个人的个性的同时，人们通过共享意义成为一个社会共同体。

一个人际网络每时每刻都在成长。没有人会去精心安排谁和谁联系，邻居们围绕任何自己认为有意义的事情展开交往。有些人对某项事业如此感兴趣，竟成了一个人际网络的节点人物，从而吸引其他人加入。人们把自己认识的人也带进来，人际网络不断扩大，然后一个节点会联结另一个节点，有些东西融汇在一起，成百上千甚至上百万的人参与进来。网络中的人们感觉灵性被唤醒，也许还收获了智慧——比理性更深刻的知识和洞见。一些深层次的真理重新引发了关注，而其外在表现形式更新颖、更美观、更多变，却很稳定，复杂性和包容性都更强。这些就是寻求意义这件事可能带来的结果。

技术在寻找大规模的共享意义这方面扮演着重要的角色。凭借其迅速的反馈和广泛的影响，互联网正在让越来越多能参与的人越来越快地参与进来。在科技的推动下，一些新生事物逐渐涌现。这些新生事物既简单又相当复杂，而且有非常深刻的意义。

是什么支持了这种可能性的出现？无论是一个国家、一个组织，还是一个团体，寻求共享意义都需要人们发出真实的声音并探索差异。智慧圈流程提供了一个透镜，让我们在任何规模的群体里看到发生了什么，让深刻的表达和聆听可以发生，这个效果似乎来自这个流程的形式本身——一圈椅子和一个明确界定的目的。（见“涌现式变革流程方法概览”中对智慧圈流程的描述）

克里斯蒂娜·鲍德温（Christina Baldwin）是同侪精神智慧圈流程（PeerSpirit Circle Process）的顾问兼作者。她说过：“当人们把椅子放在一个圆圈里时，一个团队的状态就会改变。领导力是存在于团队和过程中的。通过兼顾圆圈的边缘和中心，改变形状有助于开启涌现式变革的对话。”

经过数十年对同侪精神智慧圈流程的打磨，克里斯蒂娜和她的搭档安·林内亚（Ann Linnea）已经成为独具匠心的社交空间设计师，能够帮助一个团体在探索多样性、完整性和意义的同时保持凝聚状态。安说：“在智慧圈流程中，我们设计了一个有形的中心，支持团体探索连贯性。大家都知道，我们曾经真的把一个自行车轮子带到一个组织里，展示轮圈的边缘和圆心如何发生联系。我们相信每个人都会讲真话，相信每个人都会积极地应对圈子中心收到的意见，这样这个中心就会变得很强大。这个圈子的中心代表一个共享的目的、任务或问题，而圈子的边缘则代表分歧所在。”

金融规划协会由两个以前有竞争关系的机构组成。在金融规划协会（Financial Planning Association，FPA）的全国委员会，智慧圈流程让人们听到了截然不同的意见。克里斯蒂娜讲了一个故事，说明了智慧圈流程如何支持金融规划协会利用其多样性找到组织的共享意义。

当我们开始合作时，金融规划协会前董事会成员兼主席伊丽莎白·杰顿（Elizabeth Jetton）向我描述了这样的情况："合并的时候，两个组织都相信是时候成为一个协会了，但是我们没有提供让合并逐渐发生的过程。合并后第一次开会的时候，我们应用了罗伯特的议事规则（Robert's Rules of Order），在现场放了一个小木槌，让大家的椅子面对一个由员工和董事组成的小组。我们提出了一个问题：'现在我们将成为谁？'但我们无法以那个会议的形式来讨论那个问题。我们度过了痛苦的一年，很多引导师来来去去，我们觉得需要发现某种凝聚力，摆脱现状，互相交流，彼此聆听。"

在安和我介入之前，董事会已经把椅子摆放的方式改成了一个圆圈，但他们当时还不理解"一个中心"的概念，信任也还不存在。在委员会上、在小组里或在深夜的酒店酒吧里，需要做（或不做）决策时，人们会滥用权力，也不会和整个董事会分享所有既定决策。

2002年10月，我指导了一次董事会会议，会议的目的是提升组织的目标感，改善组织效能。在一间巨大的会议室里，我看到40位董事会成员和员工围坐成一个大圈，一张光秃秃的酒店咖啡桌摆在圆圈中心。人们轮流发言时只能把一个手持麦克风传来传去。

我看到整个上午他们都在做签到感言。有些人说话很简短，有些人说话很啰唆。我能感觉到持不同意见的成员之间关系很紧张。有几个人把时间花在谩骂之前已经发言的人上面。言语的能量在空间里回荡，共享意义无迹可寻。在一个适合教练介入的时刻，我介绍了自行车车轮的图像，提醒如果每个人都与中心交谈，过程将显著改善。两个年轻的董事会成员自愿在午休时设计一个有意义的谈话焦点。

当我们午休后回到会议室时，志愿者们已经从酒店的园林里找来了一些砖头大小的石头，还从酒店的灌木丛中剪下一些小树枝，在地毯上搭建了一个小火堆，做成一个四英尺（约 1.2 米）高的火圈，用一些橙色的小葫芦代表火焰。对一群理财规划师来说，这可是一个不寻常的飞跃！人们被逗乐了，但也开始认真起来。年轻的策划者们解释说，他们希望这个火圈能让大家讨论最激烈的问题。他们邀请每个人发表自己的意见，作为支持共同目标的燃料。他们还在圆圈周围放了四碗光滑的石头，建议如果有人听到别人发表了一个评论，推动了共享意义的探索，就在火中放一块石头，来认可那个人的贡献。

董事会主席提出了下一个话题，并把麦克风递给大家征求意见。面对着“火圈”，他们开始听到不同的声音，似乎在添柴续火。在激烈的辩论过程中，人们用石头来表达对对手的认可，停止了相互竞争。需要投票时，董事会成员把自己的座椅推到离火堆更近的地方，这样在没有麦克风的情况下，他们也可以看见彼此，听见彼此，而员工们站在外圈。在这个成功的基础上，第二天他们又做了“书面工作”——分成几个小组，起草关于自组织的协议、设定目标并写出一个愿景宣言，从此，这个愿景宣言使他们一直保持力出一孔。

金融规划协会执行董事马尔夫·塔特尔（Marv Tuttle）经常向其他协会领导人谈起金融规划协会对各种智慧圈流程方法的钟情。“我告诉他们，我们会用智慧圈流程召开为期三天的董事会会议，还有很多小组会应用开放空间技术，还和数百名成员一起做世界咖啡会谈，他们不知道该怎么想。理财规划师也需要有企业家精神，有进取心，思维敏捷。我解释说，智慧圈流程教会我们保持长时间的持续对话，这些对话带着大家找到一个清晰的决策点。针对金融服务业的标准，我们开展了许多对话。例如，我们花了五年时间才做出决定，向美国证券交易委员会提起诉讼——我们打赢了这场官司，多亏我们在圈子里开展的那些长时间的开放式会谈，经过不断地澄清，我们已经很清楚自己的目的。有时，当我们意识到自己对某件事的坚定决心或对彼此的郑重承诺时，我感觉脖子后面的汗毛都竖起来了。在普通的会议上，你不会有这种体验。”①

正如金融规划协会的故事所表明的，当我们找到我们的中心时，意义就会浮现出来。当我们个人的中心与一个共同抱持的中心发生联结时，共享意义就出现了。圆圈连同其轮毂和轮圈，让中心这个概念栩栩如生。当许多节点发生联结时，网络就形成了，产生规模化效应。意义让我们发生联结，理解了这一点，就找到了构建新形态组织的一条重要线索。

不管是在一个网络里、一个等级架构里，还是在其他形态的关系里面，共享目标都能将我们联系在一起。给自己时间和空间，发现我们之间的差异是如何融汇成一个具有连贯性的整体，我们就会找到中心。

---

① 如果想了解这个故事的更多细节，请阅读 Christina Baldwin 和 Ann Linnea 的书 *The Circle Way：A Leader in Every Chair*（San Francisco：Berrett-Koehler Publishers，2010）。

寻求意义的窍门

开放：接纳

我们如何为整个故事（好的部分、坏的部分或无关紧要的部分）腾出空间？

愿意多待在问题里面，而不是待在答案里面。

聆听：广泛而深刻地感知，用自律去见证

如何能更充分地了解彼此，了解我们的环境？

注意运用所有的感官学习和适应。

联结：弥合分歧，与他人建立联系

我们如何将自己和自己的想法与那些和自己相似或不同的人联系起来？

聆听深层含义，寻找共同点。

反观：感知模式，做一面镜子

现在正在发生什么？

保持好奇心，提出问题，梳理出有什么正在生成，做另一个人的见证。

把为你的所爱承担责任当作一种服务的行为

如何利用我们之间的异同来让改变发生？

参与到重要的事情中去，过程中保持聆听和联结。

探寻意义让我们聚焦于对自己而言最重要的事情，并不要求我们牺牲自己的个性。为了让个人和集体发现共享意义，我们不要求折中和妥协，而是允许简单性发挥作用。

第12章

简化

显而易见的事情，就是直到有人简单地说出来才被大家看见的事情。

——哈利勒·纪伯伦（Kahlil Gibran），黎巴嫩诗人，著有《先知园》（*The Garden of the Prophet*）、《拉撒路和他的情人》（*Lazarus and His Beloved*）、《沙与沫》（*Sand and Foam*）

当人们都遵循简单的规则或组织假设时，秩序就产生了。例如，在道路的正确一侧行驶，或者把手举起来你就可以等待被叫起来发言。规则提供结构和边界。

令人惊讶的是，我们不需要明说这些规则。生下来我们就知道很多指导性原则。想想看，当我们走进一个灯光柔和、音乐声音很舒服的房间，我们的感觉会和进来之前很不一样。现在想象进入一间枯燥乏味的会议室，所有的椅子都面向房间前面，你会有什么感觉。没有任何解释，每种情况都会让人产生不同的情绪反应，并表达了很多对我们的期待。这就是简单性！

实现利益最大化，我们至少需要做什么？

考虑到人类系统的复杂性，我们怎么可能知道什么样的规则将给系统带来理想的改变？发现简单性是一种关于发现的艺术，在寻求问题核心的同时，不断尝试再少做一件事。关键是要掌握基本原理。我们追求变革的根本目的是什么？ 谁需要参与？我们如何应对变革？

找到这些答案，与其说是一种科学，不如说是一种艺术，然而我们确实掌握了一些知识。例如，我们知道大多数人会从环境（他人在做什么）和自己的内在指导系统（受到我们的意识和习惯的塑造）的混合中获得线索。虽然我们可以从任何地方开始，但如果努力和自己的动机、渴望及希望成为系统的一部分的梦想保持一致，我们会保持初心的清晰，而这份清晰决定了我们要做什么。

环境可以充分说明，谁是受欢迎的，什么是受欢迎的。环境里的很多隐性规则影响着个体的行为。尽管表面上看起来如此复杂，但是如果我们做好一些简单行为，如聚焦意图，深思熟虑地准备让人们感觉受欢迎的条件，就没有必要制定一大堆明确的行为规则了。虽然我们不想过分简化，以否认正在处理的问题确实很复杂，但是我们确实想找到简单的方法，直击问题核心。这种简单性能够触达那些隐藏在我们面临的复杂性背后的基本真理。

当南非仍然笼罩在种族隔离的阴影之下时，一件鼓舞人心的事情发生了，说明从简单性这个符合常理的原则出发开展工作可能会发生什么。1991—1992 年，亚当·卡汉（Adam Kahane，美国社会企业专家）与 22 位杰出南非人士展开合作。这些人分别来自不同意识形态领域——有政客、激进分子、学者和商人。合作的目的是开发并传播一系列未来十年可能在这个国家发生的故事。启动"蒙特弗勒项目"（Mont Fleur Project）的时候，纳尔逊·曼德拉（Nelson Mandela）刚出狱不久，非洲人国民大会（African National Congress，ANC）和其他组织已经合法化，1994 年的初次多种族民主大选尚未发生。

他们做的事情包括反观、命名和收获，显然与行动没有直接联系。对重视行动的西方文化来说，培养反观的能力——深思熟虑，既充满挑战，又至关重要。由于涌现不能强制发生，当涌现自然发生时，反观会帮助我们参与其中，也支持我们揭示突如其来的复杂性有什么样的内在简单性。卡汉的故事为理解简单性提供了很多经验[①]：发现简单性这件事有时并不简单。揭示简单性是一个迂回曲折的过程，需要耐心、真诚和勇气。简单性与意义是有关系的。我们可以通过反观来揭示简单性，再通过给最本质的事情命名，并分享收获到的许多故事，让简单性产生规模化效应。

在南非，几十个"论坛"成立了，"论坛"里创建了一些临时性结构——尽可能把各种各样的利益相关者聚集在一起，在人们关注

① Adam Kahane，"Learning from Mont Fleur：Scenarios as a tool for discover-ing common ground"，in Pieter le Roux，Vincent Maphai，et al.，"The Mont Fleur Scenarios：What will South Africa be like in the year 2002?" *Deeper News* 7，no. 1（Emeryville，CA：Global Business Network），1-3，www.gbn.com/consulting/article_details.php?id=35&breadcrumb=ideas.

的一个特定领域中发展一种新的前进方式。蒙特弗勒项目是一种独特的论坛类型，使用情境思维（Scenario Thinking）的方法——这种流程方法生成许多貌似可信的未来的故事，从而帮助人们深化理解，以改进当前和未来的种种决策。（请查阅“涌现式变革流程方法概览”一文中关于情境思维流程的描述）

在三天系列工作坊期间，情境团队会面三次。考虑了许多貌似可能的故事之后，参加者在四个他们认为可信且相关的故事上达成共识：

鸵鸟——在南非发生的危机没有通过谈判得到解决，该国政府仍然没有代表性。

跛脚鸭——达成了一项和解，但向一种新秩序过渡的过程缓慢而犹豫不决。

伊卡洛斯——过渡很快，但新政府不明智地奉行了一些没有可持续性的民粹主义经济政策。

火烈鸟的飞翔——政府的各项政策有可持续性，国家走上一条包容性增长和民主之路。

小组把每一个故事发展成一个有逻辑的短文，一份14页的报告以插页方式发表在一份全国性报纸上，一个30分钟的录像整合了一些动画片段和小组成员的演讲内容。然后，研究小组与包括政党、公司、学术界、工会和公民组织在内的50多个团体介绍并讨论了这些情境。1992年年底，项目实现了既定目标，完成收尾阶段，项目团队宣告解散。

蒙特弗勒团队的那四个情境表达的想法本身并不新颖。该项目令人瞩目的是，重要人物组成了混合小组传递了这些信息，以及该小组如何一起努力收获了这些信息。

蒙特弗勒项目没有解决南非的危机。与会者也没有针对国家面临的诸多问题如何解决达成共识。在蒙特弗勒项目期间只讨论了所有与会者都关注的一个领域：南非的未来。

在这四个场景中，只有一个故事引发了可持续的结果：“火烈鸟的飞翔”传达了一个简单信息，团队相信会得到一个积极的结果。在这样一个正处于动荡和不确定性时期的国家，一个可信而乐观的故事会产生强烈的影响。一位与会者最近说道：“该项目的主要成果是‘我们以广义的方式勾勒了一个成功结果的轮廓，现在人们正在填充这个轮廓’。我们让那些致力于找到一条前进道路的人梦想成真。”

在卡汉的支持下，以色列、巴拉圭、危地马拉、哥伦比亚和阿根廷也在进行这样的努力。[①] 希望他们也能如此成功。

在某种程度上，蒙特弗勒项目的惊人之处在于，参与者面对现代最复杂的社会挑战之一，通过一个简单的过程促成了一种转变。在九天的时间里，一个代表整个系统的小组展开了关于未来可能性的创造性对话。此外，成员们同意广泛分享这些信息：那四个故事“给了那些鲜为人知、以前既不能讨论也不能处理的重要现象几个生动而简洁的名字”。[②] 这个过程及其信息的简单性能够支持一个国家振作起来，并回归国际社会的怀抱。

---

① Adam Kahane，*Power and Love*：*A Theory and Practice of Social Change*（San Francisco：Berrett-Koehler Publishers，2010）.

② Kahane，“Learning from Mont Fleur”，3.

设计重要的会谈

简单性在会谈过程设计中的作用值得探讨。通常，我们只是让会谈自然发生，大多数人都不会想到要设计会谈。然而，塑造了这本书的各种涌现式变革流程都关乎如何设计重要的会谈。不同流程方法的创始人们审视了每天都在发生的会谈活动，提炼出是什么让最艰难的互动大获成功，并据此设计了那些流程方法。

随着涌现式变革流程方法的数量不断增加，像我这样的人一直在寻求理解不同流程的共享原则。我们希望让任何人都能更容易地知道如何开展那些难以开展的重要会谈活动。

简单性是好设计的最高标准：美观、节能、大范围内有效。有一些原则和实践可以帮助我们了解如何准备、主持，如何吸引人们参与，让大家在会谈中可以保持安全感、舒适度、创造力、好奇心和坦诚。开放空间技术的创始人哈里森·欧文（Harrison Owen）让我知道了设计有条不紊的会谈时可以提出的一个问题：哪一件事可以少做而不影响会谈的圆满完成？ 这是一个纪律性问题。不断问自己这个问题，就会发现问题的核心是什么。

美国法学家奥利弗·温德尔·霍姆斯（Oliver Wendell Holmes）说过："我毫不在乎复杂性这一面的简单性，但我愿为复杂性另一面的简单性献出我的生命。"我们要实现与涌现共舞，五项原则是否太少？抑或太多？ 这些原则关注到与涌现共舞那些最重要的方面吗？既然我们还会不断实验那些力图在混乱中创造连贯性的简单规则，时间会告诉我们这些问题的答案。

简化的方法

反观：感知模式，做一面镜子

现在正在发生什么？

保持好奇心，提出问题，梳理出有什么正在生成，做另一个人的见证。

命名：赋予意义

我们如何召唤出那些正在成熟的事情？

接纳飞跃，无论其来自何方。

收获：分享故事

一旦为意义命名，如何令其声名远扬？

把故事讲述出来，可采用书写、绘画、歌唱、舞蹈等各种方式。把握那些印刷品、视频、线上传播方式和其他媒体的精神所在。既然通过多种形式的表达，我们会吸收到更多，那我们应用更多媒体，收效就会更好。

迭代：不断尝试

什么会让我们不断前进？

把新知融入已知，把已知融入新知。

在本书的第二部分和第三部分中，我们已经探讨了与涌现共舞的方法和原则。为发扬简化的精神，我们把 15 个方法通过五项原则表达出来。虽然这五项原则抓住了与涌现共舞的深层本质，但是它们并不能取代方法。原则和方法有不同的目的。原则帮助我们理解要做什么，方法告诉我们如何去做。我们的经验越丰富，就越容易从这些原则的更简单但更抽象的形式出发展开工作。

我们的旅程还有最后一个阶段，帮助我们理解与涌现共舞这个系统。第四部分进一步简化，只提出三个问题，这三个问题提供了一个哲学背景，针对心怀仁慈、明智而充满创意地处理涌现式变革提供了一个观点。

第四部分

与涌现共舞的三个问题

好问题永远得不到回答。好问题不是一颗螺丝钉，要被拧紧在某个地方；而是一粒种子，种下以后，会结出更多的种子，有望染绿思想的风景。

——《说话的方式》（*Manner of Speaking*），美国诗人和评论家
约翰·查尔迪（John Ciardi）

下面这三个问题将引导我们探讨一个变革的基本模式：干扰、分化、连贯。这些问题也通过指导我们开展有用的行动——打破、参与、更新，帮助我们运用战略性思维思考如何应对变革，特别是涌现式变革。这些行动对品质是有要求的，而这些问题为此提供了一个哲学背景，帮助我们收获尽可能好的成果：仁慈、创造力和智慧。

正如所有欣赏式问题那样，这些问题引导我们的注意力，让我们打开自己，勇于探索。这些问题是以提问的方式而不是以陈述的方式来表达，就是要提醒我们，当情况不确定时，保持聚焦与保持流动性都有助于我们灵活响应。

你可以把这些问题当作肯定句来使用。肯定句帮助我们注意到我们希望创造的东西是什么，这些问题帮助我们适应所处的具体情况。我们可以把一个变革的模式与自己身边的环境联系起来，方法就是提出这样的问题："在这种情况下……"

- 我们如何心怀仁慈地打破连贯性？
- 我们如何发挥创意，与各种破坏性事件共舞？
- 我们如何明智地更新连贯性？

这些问题创建了一个临时避难所，让我们可以躲在里面考虑一个不断变化的系统带来的种种挑战，也帮助我们在混乱中体验仁慈，并以仁慈之心对待他人，支持我们与差异展开创意共舞，并在一些可能是很明智的反应越来越多发生的时候，支持个人和集体的更新：

如果你熟悉佛教里的禅宗，就把这些问题想成是禅宗的公案（koans）——一些似是而非的谜语或奇闻轶事，没有解决方案。

如果你试图用直觉来理解这些问题，并在生活中品味这些问题，可能会在刹那间对正在发生什么、如何参与其中获得一些洞见。

后续三章的每一章将阐述其中一个问题。

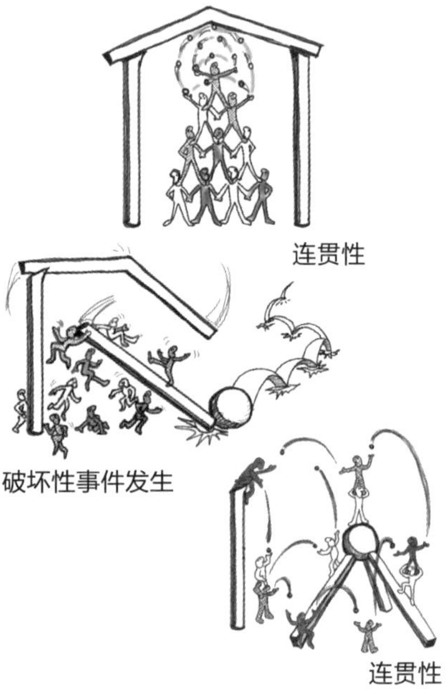

连贯—破坏—连贯[①]

我们如何打破既定的模式，探索系统中那些多种多样的、经常互相冲突的方面，并辨别出造成改变的差异，从而使连贯性重新产生，并很好地为我们服务？

① 插图作者是 Steven Wright，steven@wrightmarks.com.

第13章

如何心怀仁慈地打破连贯性

如果你不知道自己要去哪里，可得小心点，因为你可能到不了那里。

——《几点了？你是问现在吗？》(*What Time Is It? You Mean Now?*)，
美国哲学家约吉·贝拉（Yogi Berra）

到现在为止，很清楚的是：破坏、动荡、冲突和骚乱都中断了当前的状态，揭示了系统中一些出人意料的方面，把以前不可见的某个元素或者某些元素分化出来。问题可能关乎民权：有色人种或残障人士呼吁自己也需要一席之地；或者可能是大自然在提醒我们，我们并不像自己以为的那样可以独立于环境获得生存。破坏性事件帮助我们注意到有些差异其实是系统中被忽视的一面。

本章将探讨破坏在涌现过程中扮演的角色：让有用的差异显化出来。本章也介绍了仁慈（一种能够进入他人的体验并被他人的体验打动的能力），还描述了仁慈和破坏之间的关系，并提供了培养仁慈之心的一些窍门，以及一个展现仁慈的强有力的方法——听见、看见、爱。本章探讨了什么时候进行破坏是有意义的，还分享了一个故事，学习在似乎某个人就是那个破坏所在的情况下，如何带着仁慈去破坏。在本章的结尾处，分享了心怀仁慈地破坏连贯性的技巧。

通过破坏性事件显化那些能带来改变的差异

在面对干扰时，有时候我们会自我封闭；有时候我们会敞开胸怀迎接各种可能性。如何回应，这是一种选择。我们越开放，就越有可能注意到创造的潜力。下面介绍的是人们如何回应新闻业发生的那些让人的心情跌宕起伏的变化：

- 《西雅图邮讯报》（*The Seattle Post-Intelligencer*）已经倒闭，这是报纸合并潮的一部分。下一个倒闭的会是谁？
- 我接受了买断合同，做了一年的公关工作。我怎样才能回到我认为有意义的新闻工作中去呢？
- 新闻界如此动荡，我该和我的学生们说什么呢？
- 如果不是看门人，我们的角色是什么？
- 作为一名记者，我如何与受众互动？
- 在广告收入下降的情况下，什么样的商业模式才能让新闻业实现可持续发展？

- 我如何在民间会谈中与我所在的社区联结，让新闻吸引到的人不仅仅是专业人士？

无论您对新闻业有何看法，相信您都不会否认良好的信息和会谈对民主至关重要。当人们尝试理解不断变化的大环境时，他们的视角就会让需要探索的不同方面浮现出来。上述不同回应都蕴含让改变发生的一些差异：组织适应力、记者的角色、教育下一代、收入来源、满足社区的调查需求、记者与受众之间的关系。记者们正在重新审视新闻业的所有这些以及其他的运作假设。什么会经受住时间的考验？什么发生了改变？破坏性事件有助于提炼出差异，以便我们可以更清楚地看到它们。这些差异打开了我们的视野，让我们看到面临的新方面，从而帮助我们把自己身处的系统看成一个具备各种复杂性的整体。

自 19 世纪以来，新闻业的形式一直很稳定，直到最近社交媒体的出现。难怪随着新闻业的衰退，那些在旧系统中长大的人会迷失方向，感到愤怒、恐惧或悲伤。然而，这些人也很难不被新媒体人的热情吸引，他们正通过彻底改变旧的新闻业运作假设来创造新媒体的未来。哀悼者和创造者之间的相互作用创造了一种让人既欢喜又痛苦的疯狂混合体。借用美国组织管理咨询顾问玛格丽特·惠特利说过的一句话，我们正在一边把老人送进养老院，一边助产新生儿。

你可能会问："既然有这么多的破坏性事件向我们袭来，为什么还要去破坏呢？我们为什么认为弄清楚如何回应还不够呢？"事实上，如果发生一场天灾或者人祸，就像龙卷风、金融危机这些我们无法控制的事情，我们大多数人很少花时间去找出来谁要为这样的事情负责。我们只是行动起来，努力脱离眼前的危险，我们会考虑如何预防这样的事情再次发生，或者为其再次发生做好准备。

尽管如此，无论我们喜欢与否，对我们造成影响的破坏性事件也可能会让我们给别人也带来破坏。举个例子，一位报社负责人因为报社濒临倒闭而裁员 40 人，无论他有多么不情愿，他都在制造剧变，而且想知道如何做好裁员这件事。

作为与涌现共舞的切入点，心怀仁慈地去破坏

无论我们是造成破坏的一方，还是接受破坏的一方，仁慈之心都能帮助我们面对破坏。心怀仁慈去破坏，是一种合气道的策略，可以提高我们处理差异、动荡、冲突和未知的能力。无论我们是想从外向内进入一个系统，还是身处一个系统内部想要改变它，甚至面对像飓风或事故这样的意外事件，仁慈之心都会改变我们的注意力和选择。当我们在破坏时，仁慈之心也会帮助我们温柔地处理艰难状况。

从根本上说，心怀仁慈就是一起受苦，荣耀我们共同的人性。无论我们是造成破坏，还是仅仅遭遇破坏，心怀仁慈都意味着我们一起面对当下的状况。在最具挑战性的情况下，选择心怀仁慈能给我们带来安慰、力量和勇气。即使我们正在生气或正在悲伤，仁慈之心也会帮助我们说出真相，将我们联结起来，也会区分出对我们每个人而言什么是重要的。通过练习，心怀仁慈去破坏就会成为一份礼物，解放个人的声音，并帮助我们辨别需要进行的改变在哪些方面是有意义的。

无论身处一个系统的内部还是外部，我们都可以设定互动的基调。想象一下心怀仁慈的世界贸易组织会怎样开展抗议活动。无论是自由交易者还是公平交易者都可以迈出第一步，制造不同的破坏。两方都可以提议与“另一方”互动，交流探讨这样一个问题：如果我们深入探究自由贸易和公平贸易这些概念，可能会发现什么呢？

当我们从内部破坏一个系统时，仁慈之心通常会更容易出现。就像不得不裁退 40 名员工的那位报社负责人，我们可能认识自己正在干扰的那些人。当破坏影响到个人时，我们更有可能对正在被打扰的那些人敞开心扉。

根据经验，我们知道失调表明可能有更好的新选择。知道这一点，人们更容易表现出好奇心，而不是抵抗或防御。如果仁慈之心是那些革命者的理想指导原则，会发生什么呢？纳尔逊·曼德拉、莫罕达斯·甘地（Mohandas Gandhi）和马丁·路德·金博士（Dr. Martin Luther King Jr.）都理解这个原则。尽管他们面对的系统是敌对的，但他们与那些系统打交道的策略是心怀仁慈，且意图清晰、决心明确，于是他们改变了自己所在的世界。这就是仁慈之心在破坏僵化系统时表现出来的力量。

培养仁慈之心的窍门

鉴于仁慈之心是我们很多人很少会深思熟虑的，针对重建与仁慈之心的联结，我提供以下一些想法：

用心聆听。仁慈之心是头脑的好伙伴。我们的情感中心会带来不同的视角。我们要努力做到不带任何评判地听见它要说什么。

如果你已经很长时间没有深入地聆听自己的内心了，那么很可能心里会有很多积压的消息，一开始可能会让你不知所措。如果是这种情况，那么可以尝试以下方法：

在你开始聆听自己的内心之前，为自己创造一个友好的环境。

向朋友、顾问，甚至工作坊寻求支持。

写日记。只是不带评判地书写。如果你希望，可以再把写好的东西烧掉。

原谅自己和他人。宽恕可以释放那些把我们卡住的能量。例如，南非的真相与和解委员会（Truth and Reconciliation Commission）为消除国民的痛苦和愤怒提供了一个非常好的空间。

练习。经常这样做，熟能生巧。最后，聆听自己的内心就像聆听自己的头脑一样自然。我们的内心和头脑是最佳搭档。

自己开展调查。找出适合自己的方法。越来越多的证据表明，仁慈之心会影响我们的健康、生产率和寿命的长短。

练习仁慈之心

我的同事马克·琼斯（Mark Jones）提供了一个练习仁慈之心的方法，这是我知道的最简单的方法，就是第3章马克的那个关于聆听的故事中描述的“嘶嘶声”（HSLing）练习。这个练习方法起源于对一位藏传佛教活佛的一次谒见。那位活佛告诉马克，我们都需要被听见、被看见、被爱，如果这些需求得不到满足，祸患就会发生。

HSL代表听见、看见、爱每个人，包括你自己。马克发明了一个简单的诊断方法：

- 当人们觉得没有被听见时，他们要么大喊大叫，要么就闭口不言。
- 当他们觉得自己没有被看见时，就会冲到你面前，变身为恶霸，或者把自己变成隐形人，不让别人看见自己。
- 当他们感觉不到被爱时，就会跳起一种若即若离的舞蹈，要么靠近你，要么躲避你，即来到你身边，然后又离开。

在任何情况下，补救的方法都是从聆听开始。"嘶嘶声"练习适用于任何规模的人群，最简单的方法是两个人一对一练习。下次当你发现自己被某人打扰时，试验一下这个方法。

什么时候破坏是有意义的

你曾经历或目睹过不公正的事情吗？也许只是小规模的，如工作时听到一个带有种族歧视意味的笑话，或者你也许看到过一些不和谐的情况，如敌对的环境、危险的条件，甚至一些无意识的行动，以某种方式触发了你的情绪。当我们体验到不和谐时，就面临一个选择——我们是否要参与其中？ 如果我们担心保持沉默意味着情况会变得更糟，采取行动的压力就会增加；如果我们介入，可能会扩大破坏，也可能会平息破坏。让干扰平静下来，尤其是情绪很冲动的时候，我们会抑制或忽视更深层次的问题。一般来说，采用这种策略，我们会在未来前进的路上遇到一些更有挑战的破坏性事件。

当然，如果我们决定扩大这种破坏，那么也会造成相应的后果。参与其中从来不是一个可以轻易做出的决定。然而，破坏某种状况可以暴露出很多有用的特质。例如，2008 年 9 月，当美国财政部长亨利·保尔森（Henry Paulson）在电视上露面时，他将全球金融危机公之于众，扰乱了正常的商业活动。这场危机也引发前所未有的国际合作。鉴于形势的严重性，金融界的领导人们迅速将注意力集中在一些关键行动上，区分什么是有用的，以防止崩盘。

导致突破的那些特质之所以产生如此效果，是因为它们揭示了如何在满足个人需求的同时也对更大的系统作出贡献。心怀仁慈去破坏，就更有可能产生这种建设性结果。

当某人成为干扰源

我们都有过这样的经历，在一些团体里，某一个人似乎搞砸了其他每个人的体验。也许他或她总是反对、抱怨或破坏那里的团体精神。通常情况下，这个人对团队的成功是不可或缺的，可他能力不够，无法把干扰的信息以一种别人能理解的方式呈现出来。几年前，我是一个管理团队的一员，这个团队的仁慈之心和工作效能都在提高，就是因为有一个成员总是让我们感到沮丧。当我们学会如何成功地与这位成员共事时，我们发现了“心怀仁慈去破坏”的价值。

他似乎不太适合这个团队。在一些重要决定上面，他总是拒不让步。不管我们怎么跟他讲道理，无视他或排斥他，似乎都无法控制住他，让他停止破坏。这把我们都快逼疯了。很长一段时间，我们都不知道他带来了什么价值，觉得他只是碍手碍脚。有一天，我无意中听到他手下一些员工的谈话，他们对他的忠诚和尊敬让我非常惊讶！我向一些同事指出了他具有的这种品质，我们的态度开始转变。

我们都钦佩他激发员工忠诚感的能力。这是我们很多人都希望拥有的技能。既然我们知道他的员工热爱和尊重他，我们不得不承认，他做了一些对的事情。我们开始对他有一点仁慈了。然而，在涉及整个部门的问题上，我们还是会花宝贵的时间试图说服他认识到自己的错误。

从某个时候，我开始和他单独相处。我们谈到了他的世界——他是拉丁人，在一种和我们不同的文化中长大，不是我那个“人人都是犹太人，除非证明他不是”的世界。听着听着，我开始尊重他的思想中体现出来的智慧，对他的仁慈与日俱增，也成了他的一个忠实粉丝。在员工会议上，当他提出反对意见时，我不会再去赞同我的同伴们，而是开始引导他，汲取他所提意见的精华，寻找能带来改变的那些差异，我知道差异是存在的。我们俩成了盟友。我会问他一些问题，帮助我们听清楚他想说什么。他一次又一次地拯救了我们，因为他知道员工们会对我们的选择做出怎样的反应。这之后我们成为一个更有仁慈之心的管理团队。当有必要做出破坏性决定时，我们会更认真地沟通和执行这些决定。

我们大多数人认为，如果“有问题”的人离开，一切都会好起来。虽然有时候这是真的，但更多的时候，如果一个人离开了，会有另一个人取代她或他的位置。更有可能的是，这种破坏性是一个迹象，表明一些更深层的事情正在发生。也许某个价值或观点目前在系统中不受欢迎。而那个“有问题”的人认为该价值或观点对系统的健康和福祉至关重要。采取行动可能会造成不和谐，但这种行动通常是为了带来价值，为了显化有用的特质。如果我们只是对这种行为做出反应，我们就会错过机会去了解这种不和谐可能包含什么样的礼物。

我的同事告诉我，制造破坏时，既用心又用脑是有价值的。知道我们可能会给别人带来痛苦，可能会让我们想要自我封闭。在制造破坏的时刻，勇于对自己内心传递的信息保持开放，我们会更有能力发现一些会引发涌现式变革的创意特质。

心怀仁慈去破坏的窍门

心怀仁慈去破坏，需要你敞开心扉，尊重那些被你干扰的人。

你的意图要纯粹。如果你的行为服务于一个更大的利益，就继续。如果你有哪怕一点点小我的意识，想要压制他人，或者想要报复，请重新审视你的意图。

尊重那些被你干扰的人。尊重他人的自尊。不管他们做了什么，要意识到你的行为会影响他们，也会影响其他人。

寻找能让改变发生的特质。干扰会让各种特质浮出水面。你要寻找那些隐藏在废墟中的宝石。

一个关键的原则：欢迎干扰。我们如何在破坏中发现潜能？提出可能性导向的问题。

一个关键的方法：欣赏式探询。提出欣赏式问题，这是我知道的最有效的心怀仁慈去破坏的方法。即使在充满挑战的环境里，这种方法也会顺利地打破现状，使那些受到破坏影响的人焕发热情，发挥创造力。这种方法还经常会舒缓被破坏的感觉。

心怀仁慈去破坏会开启创意之路。我们可以通过一个问题来激发创意：我们如何发挥创意，与各种破坏性事件共舞?

第14章

如何发挥创意与各种破坏性事件共舞

击球是创造时机，投球是破坏时机。

——沃伦·斯帕恩（Warren Spahn），

美国棒球名人、北美职业棒球大联盟投手

既然我们已经做到心怀仁慈去破坏，那么是时候参与其中了，让我们的头脑、心灵、身体、精神都充分参与。充满创意的互动是与涌现共舞的核心：人们与不同的想法联结，人们之间彼此联结，把系统作为一个整体与其联结，与系统所处的环境联结，与自然界联结，甚至与我们自己联结。发挥创造力的条件已经成熟，这种开放的流动让新生事物逐渐生成，吸引我们在探索种种熟悉的和不熟悉的事物时要带着新的眼光，或者如佛教徒所说，带着新手的心态。

本章探讨了什么可以让破坏充满创意，为我们跳进未知领域之后如何开展那些令人兴奋的工作指明了方向，讲述了一群背景各异的人如何创造性地参与一个颠覆性挑战。本章还谈及拥抱混乱的价值，并在结尾处提出与破坏性事件展开创意共舞的建议。

什么让破坏充满创意

被干扰的时候，我们大多数人宁愿带着我们想要保护的东西，躲在某个安全的地方。这种态度扼杀了创造力。有一次，我们一群人正在探讨想要做一个广播节目，将持不同观点的人聚在一起，开展文明的对话。有一个人立即表示反对。她想象的节目是大多数脱口秀节目那种直播风格：观点相悖的人们互相叫嚷，好像在比赛谁的嗓门更大。这样的谈话根本不是充满创意的对话。但她不是唯一持反对意见的人。

我们都有过这样的体验，人们互相打断对方，没有人在聆听，每个人都努力让自己的观点占上风。在这种情况下不会产生任何创意。与和自己不同的人交往时，如果体验到的只有冲突，我们当然宁愿和自己的同类找个地方一起玩。然而，这样做是在拿我们的未来冒险。遇到棘手的挑战，我们需要创造性的解决方案，而差异性是这种解决方案的一个关键因素。

与其创造一个空间来保证自己的安全并将他人拒之门外，充满创意的不和谐就需要与此相悖的方法。深刻而关键的真相常常隐身于一些不和谐的行为中，如大喊大叫或沉默不语，霸凌别人或让别人看不见自己。只有创造足够让人感觉受欢迎的条件，才能让某些礼物显化，这些礼物让我们能够创造性地利用我们之间的差异。正如下面这个关于美国林务局的故事所显示的，良好的主持、明确的意图、欢迎一切的发生、邀请人们展示对自己而言重要的东西，能促进创造性地参与。

2003年，美国林务局召集了一次175人参加的会议，参会者背景各异，都来自圣贝纳迪诺山区的不同社区。看到树木奄奄一息，林务局知道森林火灾即将发生。他们已经为此做好了准备。在提醒公众注意的同时，他们邀请了当地居民、社区协会、环保主义者、越野车协会成员、企业主、牧场主，以及联邦、州、地区和地方政府的代表。大家聚在一起展望未来，提出一个问题："我们希望这片森林50年后变成什么样子？"

要把这样一个多元化的群体聚在一起并非易事。林务局赞助人和咨询师团队，还有我们希望接触到的每个社群的一位代表，共同形成一个工作组，负责组织这次会议。当小组成员们在一起互动时，他们发现了一起工作的创造力和价值，成了我们在其社群的代言人。我猜他们都没有想到自己会花那么多时间来吸引朋友和同事参与这个活动。

经过几个月的筹划，这次会议第一天的活动开始了。来自各行各业的175人坐在圆桌旁，每桌10人。他们都关心森林的未来，但他们信任彼此吗？不太可能。他们希望自己关心的议题在今天占据上风吗？如果他们这么想，我也不会感到惊讶。

在第一个小时内，咨询师团队邀请人们找到一位与自己不同的人，形成一对，互相采访。他们会得到一系列欣赏式提问，设计这些问题的目的是邀请人们讲故事，讲出自己喜爱这片森林的什么方面，以及希望自己的孩子们未来看到这片森林里有什么。整个上午，人们都和自己的搭档在一起。大多数人完成采访回到会场，都感觉备受鼓舞。正如一个人所说："我是越野车协会的会长。过去的两个小时，我和一位环保主义者在一起，发现我们来到森林是出于同样的原因。"我们这些顾问还来不及为我们取得的成就感到高兴，一位戴着牛仔帽的老人（一位牧场主）站起来发言，主要的意思是，森林的未来是什么样子的，答案显而易见：清理土地，出售木材，让牛吃草。听了他这个冷漠无情的宣告，我们不由得屏住了呼吸，毫无疑问，这个宣告背后有搞破坏的意图。即便如此，我们也知道他在为房间里的一个重要群体代言，对我们这种以可能性为导向的方法，这个群体的人们感觉很不耐烦。

考虑到第二天的计划，第一天的晚上，我们做了很多深刻的自我反省，用一个需要调动左脑思维来完成的分析性活动重新设计了第二天的计划，然后才结束工作。第二天吃早饭时，我说出了一些一直萦绕在脑海里挥之不去的疑虑：放弃我们最初那些激发右脑思维、充满创意的活动，是一个错误。我们需要相信，将每个人从头脑中解放出来，他们的想象力才会被激发。人们充分体验各种形式，如艺术或诗歌，可能会产生更好的结果。与我搭档的咨询师们同意了我的想法。

带着忐忑不安的心情，我们让参与者分成许多小组，每组都有不同背景的人，一起创建他们的模型，呈现他们理想中森林的未来。我们给了他们蜡笔、塑料小玩具（有各种树、各种小人），还有其他杂七杂八的东西。我们鼓励他们玩起来，用自己想要的任何创意表达形式来讲述他们的故事。让我们感到惊讶和欣慰的是，那些

“戴着牛仔帽的人”迅速行动起来，和其他人一起设想能给到每个人一些东西的多用途森林。

最后，我们坚持了原来的意图，没有放弃对创造性的承诺。我们欢迎生命能量的流动，即使一开始受到了人们的嘲笑。这种好玩的艺术性活动让这些背景各异、经常发生冲突的各方聚在了一起。这些玩具帮助参与者探索什么是最重要的，并把他们的分歧以一种充满创意的方式呈现出来。在这个过程中，一个团结的社区形成了，为相互竞争的各种利益创造了空间。为期三天的会议产生了指导长期决策的一个愿景和一些原则，一套项目的雏形，以及由一名政府官员和一名社群成员共同主持的常设委员会。

以下是他们明确提出的一些原则：

- 为健康山地生态系统制定土地管理决策的关键因素是：可持续性、生物多样性、生产力、本土物种、资源保护和恢复，以及承认火是大自然的一个组成部分。
- 以负责、高效的方式利用自然资源，促进社区和自然环境里的空气和水改善质量，并增加水量。
- 一片拥有健康间距的开阔森林，有利于荒地和山区社区发展生态复原力，并降低灾难性野火的风险。
- 关心和管理我们的山脉和森林需要教育、保护和社区参与者。
- 以同行评议的科学为基础，简化环境法律，使其公正均衡，旨在维持一片健康的森林。
- 认可、理解、培育和支持这些山脉的承载力。
- 确定实施我们的计划需要多少资金和其他配套资源，并确保这些资源是可以获得的。

- 决策是及时制定的而且考虑周全，各方在知情的前提下通过协作达成共识，并通过有序治理来实施。
- 负责任的行为有助于多用途森林的发展，森林中的所有生命系统都体验到生活质量的提高。

这个多样化的团体由一群陌生人组成，他们因为关心森林的未来而走到一起，找到了创造性的答案来满足各自的不同需求，放弃了个人议程，支持混合用途森林这个共享梦想，既能满足当今的需求，也能造福子孙后代。

拥抱混乱的好处

通过实践可以提高拥抱混乱的能力，学会容忍没有指导原则的情况。指导原则让我们的处境井然有序。想想在另一个国家开车会是什么样的情况。关于交通如何运行，人们在印度的假设有别于在美国的假设。在印度，需要看到周围 360° 的情况，才能穿行于汽车、自行车、骡车和其他车辆组成的混乱车流中；汽车喇叭声是一种友好的信号，表示有人在你后面，而不是在愤怒地表示“别挡我的路”。在另一种文化中开车需要放下熟悉的交通规则，带着开放的心态，重新学习如何开车。我喜欢在不熟悉的方面找到意义，如有些骡车会在一条主街大道上逆行；我也喜欢在一些老旧的方面发现新的意义，如喇叭声。

我们要学会创造性地利用我们之间的差异。不同的视角相互摩擦，就会产生一种抛光效果，意思是“理越辩越明”。在一起，我们创造意义，从每个人带来的东西中发现模式。表达我们的不同，就会发现各种可能。当条件允许所有人都毫无保留地充分展现自我、全身心投入时，最有意义的事情就会频繁发生。我们成为一个“有差异的整体”，在这个整体里面，每个人的独特天赋编织成一条连绵不绝的织锦。想想一支处于比赛巅峰状态的冠军篮球队——每个球员都带来了自己最擅长的东西，大家一起创造了美丽、优雅和力量。在那一刻，小我没有立足空间。然而，每个参与者都是伟大的，都为更大的利益作出了贡献。没有人是孤独的。大家属于同一个整体。

在创造性的破坏中，我们敞开心扉，发现相互之间是联结在一起的。真相是这样的，即使我们因为心灵的封闭而感觉不到彼此的联结，我们之间仍然是联结在一起的；就像大脑、心脏、双手和其他部分联结在一起组成我们的身体，我们独特的天赋将我们联结成一个更大的、充满创造力的社会有机体。

创造性参与也并非是一件轻松无忧的事情。在2009年一次“重要新闻”活动中，我旁听了一场深刻的对话，讨论主流记者们会珍惜什么。我终于明白，许多人表达的某些恐惧和悲伤是因为新闻的一些持久价值，如准确性和透明度，可能会被摧毁。事实上，在这次会议上，我们清楚地认识到，正因为其他许多事情都变了，保护这些价值观才变得至关重要。具有讽刺意味的是，新技术为更高的准确性和透明度提供了工具。重要的东西会延续下来。各种新形式会放大更深层的意图。当发现自己在这种新旧混杂状况中的位置时，我们就会越来越兴奋，各种可能性就会大量涌现，我们就会用各种充满创意的方式一起寻找答案。正如一位记者所说，当系统崩溃时，你把碎片收集起来，创造出新的东西。这么做很简单，但并不容易。下一个问题——我们如何明智地更新连贯性——阐明了如何做到这一点。

与各种破坏性事件创意共舞的窍门

当你感到不知所措时，深呼吸。混乱的环境会让人感到压力重重。深呼吸可以帮助我们重新与自己联结。

注意。如果你看不到那些有指导作用的模式，就要聆听，观察，接纳周围的事物。你要注意到什么是有意义的，用直觉发现正在发生什么。

抱持新手心态。用新视角看待熟悉的事情：这还是有意义的吗？这是要保留的东西吗？什么是意料之外的新东西？如果有人为之兴奋不已，尝试透过他的视角看看，这是需要去拥抱的东西吗？

关键原则：敢为先锋！我们如何发现前进之路？寻找新方向，改变想法，打破习惯，勇敢行动。

鼓励随机邂逅。我们如何创造条件，才能引发系统中不同成员之间的偶然互动？扩大参与范围，邀请系统中不同的成员把为其所爱承担责任当作一种服务的行为。

一个关键方法：把为你的所爱承担责任当作一种服务的行为。这个方法解放了我们的心灵、思想和精神，要求我们运用自己的独特天赋。这个方法成为一种操作规范的机会越多创新、快乐、团结、慷慨和其他幸福品质显现的次数就越多。这是与破坏性事件展开创意共舞的核心所在。

第15章

如何明智地更新连贯性

找感觉的行为就是在你创造新领域的同时发现新领域。

——经济学家布莱恩·阿瑟（Brian Arthur），

美国圣塔菲研究所元老

还记得汉普蒂·邓普蒂（Humpty Dumpty，童谣中那个从墙上跌下摔得粉碎的蛋形矮胖子）的坠落吗？碎片无法重新组装成原样。涌现式变革就是这样。从创造性的互动中产生的结果，不是让你重回旧时光，而更像是一种螺旋，一种更新，一种重生。有些元素来自过去，其他元素是全新的，新旧元素一起形成了一种新生事物，具备一种更高级的复杂性。

本章探讨了变革模式的最后一个方面——连贯性。变革的模式有干扰、分化与凝聚。开篇便讲了一个汇聚各种差异的故事，对更新和智慧进行了反思。本章还探讨了人际网络的本质。人际网络正在成为我们组织各种系统时采用的一种新兴形式。本章最后针对明智地更新连贯性给出了一些建议。

更新的精神

发生了富有创造性的破坏性事件，当我们身处其中时，是什么帮助我们的工作取得成果？是什么让我们的理解到达更高的层面？反观，邀请人们分享自己的故事，给那些让人心动的有意义的东西命名，有助于揭示那些隐藏在我们中间的东西。

连贯性从个体能量开始，由内而外产生。不同于一块块拼图之间的机械连接，一些新的形式产生于人们的互动之中，像变魔法一样。当各种差异发生交叉碰撞，新的形式逐渐形成。人们分享对自己而言什么是重要的，彼此之间不断互动，互相影响，有些主题就会浮现出来。某种东西的名字既深入人心，也广为流传。人们把它带给那些正求之不得的人。尽管可能会经过几天、几个月或几年，人们才会广泛接受这种东西，改变已发生。有些新东西已经问世了。

下面这个故事来自“重要新闻”活动，描述了新想法是如何在我们的社会体系中产生的，不是把各个部分进行流水线组装，而是通过一种更微妙的重组，无数的随机互动以难以预测的方式同时发生。

2009 年，“重要新闻”正在组织一个活动。会议室里洋溢着佛罗里达温暖的阳光，人们正在踊跃参加各种活动。这次集会聚焦一个问题：在新闻新生态里面，我们的工作是什么？

主流记者、技术人员、新媒体人士、教育工作者、改革家还有其他各界人士，纷纷提出自己关心的议题：

- 谁为调查报道活动提供资金支持?
- 我们给新闻专业的学生教些什么?
- 社交媒体如何影响新闻业?
- 幽默在新闻界扮演什么角色?
- 我们还玩得开心吗?

人们根据自己选择的话题自行组织起来，开展对自己而言重要的对话。一位积极分子表示，新闻报道的记者不愿意聆听他人，这让她很失望。记者们便给她提供辅导，帮她了解如何引起新闻报道记者的注意。会谈结束时，他们开始以不同的方式看待对方，欣赏彼此的世界中存在的种种挑战。

报纸消亡后将会发生什么呢?人们因这个问题而产生的焦虑和恐惧让位给了一股充满兴奋和可能性的暗流。机会无处不在。社区网站上出现了一些故事，在那些社区里，网站的读者也是调查过程的一部分，记者“在众目睽睽下公开写作”。新闻专业的课程表经过重新设计，包括每个人都需要具备的媒体素养、传统价值观和传统技巧，以及组织公众参与会谈这样的新兴艺术——在一个有地域边界的社区或一个学科导向的社区中培养线上线下的公民对话。人们探索了各种各样的可能性，无数想法冒了出来。

在品尝、接受或抛弃过去、现在和未来的方方面面时，人们就会开始整理思路。通过随机参与，跟随在场人们的能量和激情，系统受到深度调查。人们提出、辩论、哀悼和庆祝各种问题：哪些事情的意义是我们还希望保留的? 由于技术或态度的改变，我们希望接受什么可能性?

最后一天上午，人们围成一圈坐在一起。到达时，他们视彼此为陌生人；现在，他们可以舒舒服服地坐在一起，嘲弄彼此的焦虑，这样的焦虑在他们开会期间出现过不止一次。他们看见了未来，发现未来充满希望。大多数人都感觉很充实，为他们要带回家的那些想法所鼓舞。他们知道，这些与自己为伴的人是一群志同道合的人，大家都很关心新闻业的未来。在塑造未来方面，他们遇到了合作伙伴。他们是某种更大的整体的一部分，这个更大的整体是一个产业的重生，一个服务于公众利益的召唤。他们开始讲述一个新闻业的新故事，更多对话，而非说教，更有企业家精神，更灵活。新闻业似乎变得更有韧性了，有空间容纳更多的声音。合作越来越多，人们知道大家是联结在一起的，是同一个系统的一部分，所有人都在追求对自己而言重要的东西，分享各自学到的东西，一起解决问题。

从某些方面看，什么都没有改变。当他们到达会场时，新闻业的经济状况就很低迷，会议结束了，低迷依旧。他们可能会回去动手裁员或接受买断。但从其他方面看，一切都变了。即便不知道答案，大多数人也能泰然处之。人们经常引用琼·贝兹（Joan Baez）的一句话：“行动是绝望的解药。”他们不再做未知的受害者，看到了自己下一步要干什么。他们现在知道其他人也走在相似的路上，大家是探索和学习的旅伴。

一个先锋人士的人际网络正在形成。从根本上说，新闻行业的基本宗旨历久弥新，即为公众利益提供信息、鼓舞和激励。由于有了新技术，更多人得以参与到这项使命中来。因此，一种更高级的新形式正在生成。有一点很清楚，新闻业不再掌握在少数人手中。

专业人士、非专业人士和热心公众组成的各种复杂的人际网络正处于萌芽状态，这些网络的形状还很不清楚。这种情况可能会持续一段时间。新闻业正从旧的形式向更有适应力的新形式过渡。可持续商业模式的最佳典范可能还不为人所知，但这些人就是正走在这条小路上的先行者，他们正在创造未来。

新闻业正处在自我更新的过程中，找到了一条路，可以触达当下什么是最重要的。这就是实现连贯性的方式：人们看见正在发生什么，就着手开展更多实验，这样他们在满载而归的时候，新闻业自我更新的过程也会加速进行。

当一些完全原创且优雅复杂的东西也体现了持久的需求和价值观时，变化的螺旋线上就会出现一个拐点。这个过程不是一清二白的，因为在分化和汇聚过程中，各种新旧方面交织在一起。进化本身正在进行，有时是渐进式的，有时发生出人意料的飞跃。“更新”的字面意思是“焕然一新”，但更新也包含那些历久弥新的东西，回归到我们最深层的需求、意图和价值观；更新还包含以前不可能存在的东西：新颖的形式。像推特这样的创新也找到了自己与现有新闻形式之间的关系。每隔一段时间，就会有些东西突然发生变化，成为一个新的组织原则。例如，新闻业是具有创业精神的，这个原则启动了重组一切的过程。印刷术为 19 世纪的大众识字运动开辟了道路。[①] 今天，人们需要提高媒体素养，是因为需要在构成新闻业新形态的多种来源中去芜存菁。我们围绕这些逐渐涌现的新原则进行自

① Elizabeth L. Eisenstein，*The Printing Press as an Agent of Change*：*Com- munications and Cultural Transformations in Early-Modern Europe*（New York：Cambridge University Press，1979），130.

我重组，为一个更加多元化的复杂系统带来秩序。这种转型本身让我们大家都忙得团团转。

培养明智的更新

有些明智的事情已经实现了吗？很有可能已经实现了，只是我们要过一阵子才知道。如果追根溯源，智慧的意思是“看见，知晓道之所在”。知识或认知源自整体，并服务于整体。这种知识和认知比理性头脑层面所知的内容更深刻，包含通过经验形成的各种直觉。

在一个明智的社会中，人们不断增长其照顾自己、照顾彼此和照顾整体的能力。为了支持这种能力的成长，人们设计了各种制度。例如，美国宪法是一个鲜活的承诺，一套优雅的原则，体现了明智的更新。“我们的人民”的含义还在不断演变。有时演变是通过暴力破坏发生的，如美国的南北战争；有时演变通过更加心怀仁慈地破坏来实现，如妇女选举权。两者都影响了社会态度和法律行动。最终，宪法修正案废除了奴隶制，赋予妇女选举权，非裔美国人成为一个完整的民族，而不是像宪法中那样把一个奴隶计为一个人的3/5。最近，厄瓜多尔率先将大自然的权利纳入其新宪法。大自然的需要出现在这样一个基础性文件中，标志着一种更深层的天赋智慧正在汇聚。

随着进化本身越来越复杂、越来越多元化、越来越有意识，智慧似乎也越来越频繁地显现出来。无论是南非的“真相与和解”运动，还是北爱尔兰的和平进程，棘手的挑战正在以和平方式得到解决。也许明智的更新也正推动我们提高能源的利用效能。毫无疑问，通过创造性地参与实现涌现式变革所消耗的能源远远少于战争消耗的能源。

创造性地运用不同观点的能力可能是一次进化的飞跃，是受到当前的社会和环境危机推动而实现的。明智地处理如此复杂的问题意味着我们无法单枪匹马解决这些问题。虽然智慧可以通过个人来表达，但表达智慧不是一场独角戏，涉及我们与他人的关系以及我们与环境的关系。智慧存在于集体之中。知道如何融合差异并保持联结，这在我们这个时代是一项重要技能。在日益多元化的人群中主持富有成效的对话，是一个新故事的一部分，这个故事讲的是，作为一个社会，我们是谁。互联网给了我们一个前所未有的视角来了解其他文化。社交网络能力正在迅速提高我们的互动能力。我们如何利用这些机会取决于我们自己。这是个好时机，可以让我们学到更多与智慧相关的事情。马丁·鲁特是我的一位顾问同事，他常说："你必须亲自去做。而且你不能一个人去做。"

在我们最明智的时候，我们知道从许多方面去感知系统边界的内部和外部，从有形到无形，从个人到集体。我们使用许多感知方式，包括聆听头脑、聆听心灵、聆听身体（包括社会机体），还有聆听灵性。

在一个时代或环境看来是明智的事，在另一个时代或环境看来可能是愚蠢的。中国有这样一个故事：有一天，农夫的一匹马逃跑了，当天晚上，邻居们聚在一起纷纷说："太糟糕了。"农夫说："也许吧。"第二天，马回来了，还带回来七匹野马。村民们说："哇！你真幸运！"农夫说："也许吧。"一天，他的儿子给其中一匹野马戴上马鞍，试图训练它，结果被马摔下来，摔断了腿。所有的邻居都说：

"哎呀，太糟糕了！"农夫说："也许吧。"过了一段时间，负责征兵的军官来召集年轻人参军，不要这个农夫的儿子，因为他有一条断腿。村民们都围过来说："太棒了！你儿子不用去参军。"农夫还是说："也许吧。"故事还在继续……

随智慧而来的有耐心、不断的反观，在别人急于做出判断的时候保持开放的心态。也就是说，既然事关人类，我们无疑会进行大量的实验，有些实验是明智的，有些实验则不那么明智。如果一项创新造成了破坏，就表明某些东西正在吸引人们的兴趣，被排除在外的人或物会很在意别人是否知道他们的存在。我们再回到这个话题——心怀仁慈去破坏，因为我们知道，欢迎外人进来会给我们带来财富，也许还会增长一点智慧。

各种网络逐渐形成

这是一个增长智慧的好时机，因为事实上，我们正在为自己所做的每一件事更新组织方式。技术和不断变化的视角使等级制度和僵化的结构变得不那么重要。把领导人看作英雄人物的观念也没那么吸引人了。更有适应性和韧性的网络组织正在慢慢占据一席之地，与此同时，人们认识到领导者无处不在，我们每个人都是领导者。

例如，维基百科（Wikipedia）是一个跟踪突发新闻的好地方。随着故事的展开，那些与故事最接近的人会添加或更正信息，并链接到照片或其他网站来提供细节。我们要了解故事的方方面面，不用再依赖少数专业人士。当身处其中的人们响应某种内在的呼唤去提供服务，为自己的所爱承担责任时，领导力就产生了。我们仍然需要信息，但这个需求被一种新颖的方式满足了：一群很投入的陌生人组成的一个网络组织。

在各种类型的系统中，对话性网络正在取代旧的形式——记者用笔墨在纸上写字，像看门人一样告诉我们需要知道什么，等等。尽管如此，新闻业还是走在了前面，提供线索，描述人类社会各种系统的未来。新闻和信息现在被传送到各种各样的设备上——电脑、电视、苹果公司的音乐播放器（iPod），也会用笔墨写在纸上。等级架构的组织正在让位给各种网络型组织。

对故事构思、后续信息、准确性和其他方面的单一控制点，也让位给各种网络组织，这些网络组织能够更好地处理其他任何方式都无法解决的复杂性。在一种形式中养成的习惯在现实中和情感上都会重现。科技帮助我们生活得更顺畅。然而，对我们当中那些不是数字原住民的人来说，技术可能会让人望而生畏！

怎样才能在一个网络中驾轻就熟？在这方面我们都是新手。我们中越来越多的人正在进行实验，大多数人都没有意识到自己正在参与一个重新排序的伟大事业。我们中有些人带着更多的仁慈之心进行破坏，创造性地利用我们的差异性，明智地开展更新。我们正在用充满创意的方式分享成果，即通过元宇宙、油管（YouTube）、推特和其他形式，让我们之间的相互联结变得清晰可见。一种良性循环正在形成，我们中越来越多的人可以看到自己在一个多层世界中的位置，那个多层世界有足够的空间容纳我们所有人。也许那个更微妙的视域中也有更多鲜活的智慧种子。

很多网络脱胎于涌现式变革，完全颠倒了我们对组织运作方式的了解。无须死板边界的界定，清晰的意图发挥了黏合剂的作用，将不同的网络联系在一起。人们和组织会主动介入，为其所爱承担责任，而不是听命于某些既定的领导者。有些人成为中心人物，把其他人吸引过来。他们是关系型领导者，其影响力来自自身拥有关系的深度和广度。人们承担起解决骚乱的责任，一些指导性原则随之涌现。

我们知道网络组织有高度协作性。各种工作团体按照需要形成与解散，领导力也随之不断变化。网络组织还提供了一种与环境的不同寻常的关系，即知道我们如何与他人、与我们的环境相处。

当我们体验到自己是一个更大系统的一部分时，某些重要的事情发生了：我们的行为发生了改变。这个转折点是明智的革新过程中的一个巅峰时刻。我们意识到，忽视或伤害社会有机体或生态系统的某一部分，就像砍掉自己的一只手臂。破坏意味着我们以为是系统之外的东西想要进到系统里面来。要是聪明一点，我们甚至可能会以好奇心来应对这种干扰。

明智地更新连贯性的窍门：

发现对系统的各方而言什么是重要的。当多样性受到欢迎时，连贯性就产生了。并非所有的差异都是重要的。你要找出核心差异。

相信有用的结果一定会出现。放下立即要答案的需要。连贯性不是构建出来的。不要将系统的各个方面视为一片又一片的拼图，这样做通常会让结果差强人意，让人们郁郁寡欢。

准备好收获意外。我们可以尽最大努力创造条件，提高涌现发生的概率。一旦启动，如何、何时、为何发生，以及具体发生什么，就是一个意想不到的飞跃。魔力存在于不太可能发生却又不请自来的各种联结中。

两个关键原则

寻求意义。我们如何揭示对个人和整体而言重要的东西是什么？接纳。停止想要结束的欲望，提出反思性问题，相信意义会自然展现。

简化。为了创造利益最大化，我们至少需要做些什么呢？不断寻找重要事情的核心本质。

一个关键方法

反观。感知模式，对现在正在发生的事情保持好奇，提出问题，梳理出有什么正在生成，为其命名，收获相关的故事，广泛分享这些故事。

我在引言中说过，变革太重要了，不能只让专业人士来做。到目前为止，我希望你已经做了更好的准备，在自己生活和工作所在的系统中与破坏共舞。无论是家庭、工作、社区，还是其他你身处其中的系统，躬身入局吧！在随后的内容中，我将提供一些收尾的想法，告诉你在变革中会遇到什么样的挑战。

尾声

现在有什么可能

每一个新的开始，都始自其他开始的结束。

——古罗马时代哲学家和政治家塞内加（Seneca）

我们的文化故事里，似乎更多的是在促使我们相信系统会发生崩溃，而不是在激发我们相信系统会实现更新。崩溃的故事无处不在，我们在报纸、杂志、电视、电影和互联网上都可以找到崩溃的故事。我们知道，随着时间的推移，各种生态系统会繁荣、崩溃，然后重新崛起。社会系统也是如此，发展壮大，变得“太大而不能失败”，然后衰弱下去，而与此同时某些新生事物开始形成。新的开始就在我们周围发生，但我们只有在针对可能性提问的时候，才会看见这些新的开始。

一场复兴正在展开，这是由许多敢于追求梦想的人以激情和承诺在推动的一场现代文艺复兴。在许多社区、组织、行业和其他社会系统中，讲述新的生活方式和工作方式的故事层出不穷。我们只要选择去寻找这些故事，就会看见这些故事。这正是有些人、有些组织在着手做的事情，而且，他们还在分享这些故事，让这种重生对我们所有人而言变得更加显而易见，鼓舞更多人投入其中。

这些收尾的反思是一种对行动的召唤，邀请每个人来与涌现共舞。我将在本书的最后几页提供一些建议，支持大家心怀仁慈地进行破坏，充满创意地参与其中，并明智地更新那些共享的系统。最后，我将介绍一种很有前景的方法，可以让我们有能力实现与涌现共舞的规模化。**宏观镜**（Macroscopes）指的是显化复杂性的一些工具，在我们共同经历比较大规模的涌现式变革过程中，宏观镜是帮助我们到达转折点的一种手段。就像汽车上的仪表盘能够帮助我们安全驾驶，想象一下有些技术可以帮助我们理解非常复杂的系统，如电网或医疗保健状况。宏观镜这样的方法就可以实现这样的效果。

躬身入局

本书是要帮助我们应对各种动荡和变化，提供了与涌现共舞的各种方法、原则和问题。把这些概念付诸实践，我们便可以成为复兴的一部分。我首先提出三个要求：

- 做一个有仁慈之心的破坏者，提出以可能性为导向的问题，讲述重生的故事。
- 充满创意地吸引人们参与进来，与我们的舒适圈以外的那些人互动。

- 支持明智的更新，寻求更微妙的视角，能够帮助我们在环境中看清自己。

带着仁慈之心去破坏

我们有一个重要的机会来让人们理解正在展开的这场复兴，全世界数百万人正参与其中。提出问题激发可能性的人越多，文艺复兴传播的范围就越大。尽管我们身边有许多系统正在崩溃，媒体也在大肆报道这些事情，但我们正处于一个安静的重生过程之中。

我们也可能破坏通往创造力和革新这个良性循环的道路。如果你对此持怀疑态度，请考虑以下指标，这些指标表明有些重要的事情正在发生：

- 保罗·霍肯（Paul Hawken）的《看不见的力量》（*Blessed Unrest*）证明了有些东西已经在绝望的黑暗土壤中发芽。[①] 霍肯把环保运动、原住民运动和社会正义运动的融合描述为历史上最大的社会运动。他说过，这一运动也是有史以来发展最快的运动，参与其中的组织超过 100 万个，来自全世界所有的国家。
- 我的新闻界同事黛博拉·勃兰特（Deborah Brandt）刚开始研究有关颠覆式变革的故事时，感到非常震惊。她才刚开始寻找，就找到了几百个这样的故事。她这样总结自己所做的研究："考虑到这一'变革'运动牵涉的信息和活动的数量，有必要对其进行定期报道。这一运动正蔓延到各个领域，包括商业、教育、经济、

① Paul Hawken, *Blessed Unrest: How the Largest Movement in the World Came into Being and Why No One Saw It Coming*（New York: Viking, 2007）.

环境和灵性提升。一些未来学家告诉我们，21 世纪变化发生的速度将比 20 世纪快 10 倍。”①

有讽刺意味的是，记者可以从讲述自己的故事开始。新闻业正在重生，我遇到的大多数记者当初进入新闻领域，就是因为心怀为公众服务的强烈愿望。通过技术的力量，他们发现今天比以往任何时候都更有可能实现他们的根本目的，即告知、激励、吸引和激发人们开展自主管理。创新无处不在，虽然规模不大，但一定是百花齐放。新闻业是支离破碎、一片混乱的吗？绝对是。我们找到一个明确的答案了吗？绝对还没有。但我们正在快速学习、快速分享。一个可行的模型很可能是一个动态的模型，以可能性为导向，在记者和社区之间创造一种互动关系。当这样一个模型形成时，我们会纳闷，怎么会错过这么一个显而易见的解决方案呢？

穿越了风暴眼后，记者们会做好充分准备，分享崩溃和重生的故事，从而帮助我们所有人理解如何运用他们在这些方面学到的内容：心怀仁慈地进行破坏，用充满创意的方式吸引人们参与进来，明智地开展更新。当然，这样的事情不只是在新闻业发生。

无论你身处什么领域，环顾四周，到处都能看到种子。在你的世界里成为那个具有破坏性的力量吧。当然，要心怀仁慈地去破坏。欢迎在你周围发生的各种干扰，用这些干扰来激励自己去开疆辟土，在某些旧的习惯松懈下来的过程中，发掘各种可能性。

---

① Deborah Brandt,“The Be the Change Movement: An Emerging Beat？”（un- published paper, Seattle, WA, March 2009）.

带着创意去吸引人们参与

我们越是去接触熟人和同事以外的其他人，邀请他们参与，就越有可能收获充满创意的成果。对某事产生好奇心，问自己一个问题，并带着玩耍的态度想想这个问题。为你自己设计随机邂逅的机会，去平时不会去的地方转转，与难得一见的人谈谈。带着会从这样的活动中发现某种好东西的假设，投入活动中，并把那个好东西找出来。

成为媒体的一部分。既然记者不再是唯一的意义判决者，那么我们便都可以为可能性发声，分享我们开展文化复兴的故事。在世界各地基于地理或兴趣形成的社区里，普通人正成为一种新型的记者，发表关于自己的邻居或自己所在领域的新闻报道，许多人还创建了在线社区，给人们提供了一个参与的地方。如果你所在的区域没有一个可以集会的地方，那你就开办一个吧，去和邻居们见见面。

如果人们纠结于哪里出了问题，你就心怀仁慈地说出可能性。你知道该做什么。我们很多人都习惯于关注哪里出了问题，你要打破这个习惯，提出一些不一样的问题，如“鉴于所有这些，现在还有什么可能性？”

培养创造性参与的空间。尊重不同的观点，寻找人们的天赋所在，而不是让他们犯错。既然我们不知道哪些互动会对一个聚会产生催化作用，就帮忙创造各种条件，让人们之间可以发生无数的邂逅，聆听正在涌现出来的是什么，陶醉于成为革新的一部分。

如果就像我们中的许多人一样，因为太忙而不能开始做某事，那么就去寻找那些每天都会出现的机会。消极和绝望的声音在我们身边此起彼伏。当你听到这些声音的时候，找到自己内在的仁慈之心，发挥创意去吸引这些人过来，提出一个关于可能性的问题。也许你正在杂货店排队，或者在默默地乘坐电梯，无意中听到别人抱怨，就提出一个友好的问题。也许这个问题是“你真正想要的是什么？”或者“如果起作用了，会是什么样的？”在分离发生的时候，选择一个有助于建立联结的立场。不要小瞧这样做会带来的改变。

明智地革新

当你开展涌现式变革的时候，注意哪些有意义的线索正浮现出来。思考那些有能量的线索，感知有什么东西正在汇聚生成，并为之命名。当各种张力汇聚成某种新生事物时，寻求其中的简单性。但你要有耐心。如果你正在努力寻找这种模式，很可能还为时过早。给些时间让模式发展出来，即使过程中的神秘感让你觉得不舒服。找一些事情来享受与涌现共舞的过程，享受创造性地探索可能性，以此来缓解你的不耐烦。生发智慧的方式就是如此恼人，除非你放下“现在就要知道答案”的需要。

通过显化各种联结来寻找意义。新技术正在帮助我们找到种种模式，这些模式让复杂性变得易于理解。我们需要理解复杂性，特别是当情况表现出多面性，或者发生冲突的时候。

想象你有一张地图，地图上是保罗·霍肯在《看不见的力量》一书中提到的100多万个组织。如果这张地图能让我们看到自己家的后院有什么，及其与世界各地的其他社区、组织和活动有什么关系，那么对我们之间的关系，以及我们每个人可以在哪里让改变发生，就会突然获得一个非常清晰而具体的理解。

宏观镜的前景

当我们体验到自己是一个更宏大系统的一部分时，转折点就出现了。也许我们发出的声音与他人的声音变得和谐起来。或者，我们克服了一个障碍，因为我们使用各自不同的技能和能力共同完成了一件事，而这件事是我们谁都无法靠单打独斗完成的。这样的经历改变了我们，打破了我们彼此疏离的习惯，使我们免于分崩离析。我们个人的故事成为通往宇宙的一扇门。我们发现，即使是那些以前从未被视为“我们”的一部分的人，和我们也是相互关联的，这一点不可否认。

当全球各地的人们都认为我们所生活的世界与太空之间并无边界阻隔时，我们对自己便有了新的体验。对许多人来说，从太空第一次看到地球让我们发自肺腑地理解了我们早知道的一个抽象理念：政治边界是人为产物。我们知道，我们之间都是有联结的。这个洞见慢慢地、悄无声息地触发了一段不可阻挡的旅程，让我们去和地球以及在各种不同文化的人之间建立更加充满尊重的关系。

“蓝色弹珠”[①]（The Blue Marble）

① From “Visible Earth”，a catalog of NASA images，http：//visibleearth.nasa.gov.

涌现式变革过程让数十人、数百人，有时是数千人体验到自己是更大的整体的一部分。虽然它可能会改变那些直接参与的人，但是如何能改变更多人呢？我们怎样才能和数百万甚至数十亿的人到达那个转折点呢？

各种技术（从冥想到互联网）都可以增强我们的感知力，让我们知道自己的归属，帮助我们以新颖而有创意的方式收获很多故事，并让更多人意识到，在如何妥善应对破坏和差异方面，我们正在学习什么。

《共生人》（*The Symbiotic Man*）的作者乔尔·德·罗斯内（Joel de Rosnay）介绍了宏观镜这个概念。[①] 就像显微镜帮助我们看到无限小的东西，望远镜帮助我们看到无限大的东西，宏观镜帮助我们看到无限复杂的东西。宏观镜不是一个单一的工具，而是一类工具，帮助人们感知信息、思想、人和经验之间错综复杂的关系。地图、故事、艺术、媒体，或把这几样组合起来，都可以作为宏观工具，帮助我们在更大的背景下看见自己。举个例子，想想棒球场中人们对技术的精彩运用——我们可以多角度体验棒球比赛；看一眼分数板，就能知道比赛的情况；摄像机把镜头拉近，让我们不仅看到场上的动作，还能看到观众区的动作；电视戏剧性地扩大了这一事件的影响范围；网上可以提供历史性数据统计信息，让专业评论员和普通人都能对这些活动发表自己的看法；我们可以让自己沉浸在比赛的体验中，从许多角度理解一场比赛。想象一下，如果用如此体贴的方法让我们所有人都能看到经济、教育或战争的状况，会发生什么。

---

① Joel de Rosnay，*The Symbiotic Man：A New Understanding of the Organization of Life and a Vision of the Future*（New York：McGraw-Hill，2000）.

显微镜和望远镜都激发了巨大的创新。宏观镜也有如此潜能。宏观镜帮助我们在人际关系中看清自己，即我们如何与他人、与环境互相适应。因为这种经历改变了我们对自己的基本认识，宏观镜可以作为工具，帮助我们团结一心，挖掘出各种破坏性事件所共有的充满智慧的意义。当今诸多人类系统正倍受这些事件的困扰。

想象一下：如果我们能够轻易看到各种不同的视角，会发生什么？除了A方或B方，支持或反对，能够从不同视角展示问题（比如医疗改革、堕胎、同性恋婚姻）的精微图景会是怎样的呢？不同国家、年龄、职能、种族的人如何看待这些问题？如果我们有工具可以让这些信息变得可视化，那么会怎样？ 这样的工具正来到我们身边。

发挥宏观镜的精神，人们正在创造无数种方法来收获故事，让我们看到不同的文化叙事是如何结合在一起的。这些网站、电影、游戏和其他媒体帮助我们了解复杂性，改变了我们对系统内外的人与事的理解。这些工具虽然不成熟，但正在迅速发展成型。

例如，阳光基金会利用尖端技术使政府做到信息透明、承担责任。① 一个名为开放政府追踪器（OpenGov Tracker）的项目汇集了来自多个来源的数据，清晰显示美国政府机构在透明、参与、协作和创新方面的表现。② 想象一下，如果把阳光基金会的复杂数据库与掘客（digg）的各种漂亮的可视化工具结合起来，会发生什么？ 掘客

① Sunlight Foundation，2010，https：//sunlightfoundation.com（accessed February 16，2010）.

② Robbie Schingler and Jessy Cowan-Sharp，OpenGov Tracker，February 2010，www.opengovtracker.com（accessed February 16，2010）.

网站让人们可以从世界各地上网登录来发现和分享内容。[①]

这些工具将推动我们要提高技能让信息获得生命力，帮助我们讲述故事，通过这些故事，我们体验到我们之间的差异让我们有潜力去创造一个更智慧、更仁慈的社会。而现在正是这么做的好时机！

随着变化的加速，我们能够很好地理解人类的所作所为对空间和时间方面造成的影响。如果我们能看到人类消耗地球自然资源的速度，这意味着什么？如果我们真正体验到彼此之间是如何互相联结的，我们的行为会发生改变吗？创造这样的场景化观点，从一个个连贯的视角看到人类与地球如何共处，我们会深受触动——心理上、情感上和精神上都受到触动。了解大环境，有助于我们根据从更高的秩序层面和更加全球化的视角了解到的情况来决定在本地如何行动。了解大环境，也让我们本能地意识到我们都在一条船上，这让我们倍感振奋。这些工具可以提供更快、更直观的反馈循环，帮助我们理解自己所做的选择带来的后果。

新闻业的新形式和其他类型的故事讲述者正在试验这些能力。例如，明尼苏达州公共广播电台（Minnesota Public Radio）创造了一个网络游戏，公众可以玩这个游戏来让州政府的预算保持平衡。[②]因此，不仅人们更加了解这个充满挑战的交易活动，立法者也能从中看到选民们在乎的事情是什么。

有些故事可以帮助我们理解不同视角之间有什么关系。这样的

---

① Digg，digg labs，2010，http：//labs.digg.com（accessed February 16，2010）.

② Minnesota Public Radio NewsQ，“Budget Balancer”，2007，http：//minnesota.publicradio.org/projects/2007/03/budget_balancer/（accessed February 15，2010）.

故事收获得多了，我们就开始内化一个“宏观”视角——理解那些使我们成为一个系统的复杂关系，并基于此采取行动。我们在一个更复杂的秩序层面汇聚，相互关联的个体组成一层又一层的网络，而这些个体聚在一起，构成一个既彼此有别又连贯一致的整体。

当我们欣赏彼此之间的联结时，我们也会拓展对所在社区的认识。能产生更多信任、更多勇气的条件逐渐成熟。我们行动起来，知道我们有哪些集体假设和共享意图。我们更清楚自己的工作是什么，也更清楚我们如何与他人联结。新的洞见、新的伙伴关系和新的倡议不断涌现。最终，我们可能体验到自己不仅是生活于地球之上，而且与地球是一体的。因此，当我们向自己讲述人类在宇宙中的位置这样的故事时，故事的内容将与以往截然不同。

当我们收获到的共享故事大到足以容纳所有人的时候，一些全新的东西将会在这个星球上出现。我们正在成为集体的灵魂，这样这个精彩纷呈的世界就能找到出路，每个人也会找到自己在这个世界的通途。一种新的文化叙事正在重塑我们的身份。

这就够了吗？谁也无法预料。但是既然我们知道如果继续现在的道路会发生什么，为什么不继续前进呢？

所以，继续走吧，走那条赋予你能量的路，一边走，一边心怀仁慈地去破坏吧！当你与他人一起带着创意与涌现共舞的时候，即便你可能永远不知道自己做过的所有好事，还是要保持意义之火熊熊燃烧。齐心协力，我们可以帮助智慧重生。让我们路上见吧！

让人们参与涌现式变革的窍门

提高与涌现共舞的能力。面对越来越复杂的挑战和越来越多样化的群体，要不断升级你的参与方式：

提出一些可能性导向的问题。率先表达欣赏。特别是在不太可能得到欣赏的地方，探寻一下，什么在起作用，鉴于正在发生的事情，还有什么可能性。

与舒适区之外的人互动。去发现体验到差异有多么刺激。在这个过程中，你可能会发展一些意想不到的伙伴关系，把关心相同问题的不同群体聚集在一起。

寻找更微妙的视角，帮助我们在大环境中看到自我。如果你面对非黑即白的选择，就把探索范围扩大，找出其他的观点，发现那些联结内心深处需求的深刻意义。

讲述那些剧变转为机遇的故事。当你与涌现共舞时，帮忙把可能发生的事情规模化，分享你应对破坏性事件的经验，尝试使用那些能提供宏观视角的工具来扩展你的影响范围。

要点总结

我正打算书写历史，所以历史会善待我的。

——温斯顿·丘吉尔（Winston Churchill）爵士

一种变革的模式

- **分化**活动将一些有用的特质提炼出来：

  我们希望保留什么？

  什么是我们现在希望敞开怀抱来接纳而以前做不到的？

- 当迥然不同的各个方面聚在一起创造了一个复杂的全新整体时，**连贯性**就产生了。

- **破坏性**事件中断了习惯性活动。

变革的形式

按照破坏程度从小到大的顺序，变革有以下三种形式：

- **稳态干扰。**人们在现有情况下处理干扰，做些修修补补，也可能忽略或抑制破坏，使一切基本照常。例如，一名飞车党因为超速驾驶被开了一张罚单。
- **渐进式改变。**破坏性事件打破了现状。我们发现干扰给系统带来一些影响，并着手整合各种变化，如修订宪法。
- **涌现式变革。**保持系统有序的原则发生崩溃，会偶尔造成动荡的剧变。混乱引发了各种实验。当下的假设得到澄清，新的可能性便会浮出水面。最终，有些东西会消亡，新的连贯性形成，既包含了新事物的一些方面，也包含了旧事物的一些方面，而不是非此即彼。例如，一场革命导致国家改变了治理形式。

与涌现共舞的好处

- **就个人而言，我们得到了锻炼，精神焕发。**我们感到更有勇气、更有动力去追求对自己而言重要的东西。
- **形成了以往不可能形成的新的伙伴关系。**当我们遇到平时难得一见的人时，可能会碰撞出很多灵感火花。种种充满创意的条件让我们有机会呈现彼此的差异，开展各种生机勃勃又富有成效的互动。
- **突破项目的表面。**不同人之间发生的各种互动激发了很多实验性项目。
- **社区变得更强大。**在形形色色的陌生人中，我们找到志同道合的人，形成了很多持久的联结，亲密感也越来越强烈。

- **文化开始改变。**随着时间的推移，由于互动持续发生，关于我们是谁的新说法开始形成。

与涌现共舞过程中的一些陷阱

- 起步就是一次信心的飞跃。
- 成功可能成为障碍。
- 结果很难识别。
- 最重要的事情很可能没有出现在我们的雷达屏幕上。
- 不是每个人都会完成旅程。
- 死亡或者丧失通常是混在一起的。

涌现式变革的特点

- **颠覆式创新。**在复杂性的每一个层次上，都体现出全新的特性。
- **连贯性。**一个稳定的交互系统（一头大象，一个生物圈，一份协议）。
- **完整性。**不仅仅是其各部分的总和，而且不同于其各部分，其各部分也不能复归整体（人类不仅仅是许多细胞的合成体）。
- **多变性。**总是处于不断进化过程中（如交通方面的变化：步行、马车、汽车、火车、公共汽车、飞机）。
- **向下因果性。**系统塑造了不同组成部分的行为（道路决定我们在哪里开车）。

涌现的动力学

- **情境领导力的产生。**通常表现出来的特点是没有人负责，或者每个人都是负责人。事实上，真正起作用的是环境的能量以及在其中积极互动的那些人的能量。

- **简单的规则产生复杂的行为。**随机性开始表现出连贯性，当每一个体与其近邻互动时，都遵循几条基本原则或假设。
- **相邻介质之间的反馈。**即强化和平衡系统的各种互动。正反馈回路鼓励方向大体相同的行动——有时是朝着更多的方向，有时是朝着更少的方向。这些反馈有时称为恶性循环，或者如果朝着健康的方向发展，则称为良性循环。

负反馈回路是相反的力量互相作用，根据需要，互相制衡，创造一个动态稳定状态。

物以类聚，人以群分。不同的介质相互作用，相互反馈。随着时间的推移，一些个体介质围绕着一个共同的特征结合在一起，形成了更复杂的系统，如各种网络。

与涌现共舞的相关问题

- 如何心怀仁慈地打破连贯性？
- 如何发挥创意与各种破坏性事件共舞？
- 如何明智地更新连贯性？

与涌现共舞的原则

- **欢迎干扰**

  如何在破坏中发现潜能？

  提出可能性导向的问题。

- **敢为先锋**

  如何发现前进之路？

  寻找新方向，改变想法，打破习惯，勇敢行动。

- **鼓励随机邂逅**

  如何创造条件，才能让系统中不同成员之间的偶然互动引发各种突破？

  扩大参与范围。邀请系统中不同的成员，把为其所爱承担责任当作一种服务的行为。

- **寻求意义**

  如何揭示对个人和整体而言重要的东西是什么？

  接纳。停止想要结束的欲望，提出反思性的问题，相信意义会自行升起。

- **简化**

  为了创造利益最大化，需要做些什么呢？

  不断寻找重要事情的核心本质。

与涌现共舞的方法

- **向前一步**

  我们如何参与以达到尽量好的结果？

  把为你的所爱承担责任当作一种服务的行为。

  如何利用我们之间的异同让改变发生？

  参与到重要的事情中去，过程中保持倾听和联结。

  聆听：广泛而深刻地感知，以自律见证。

  我们怎样才能更充分地了解彼此、了解我们的环境？

保持关注，用我们所有的感官去学习和适应。

联结：弥合分歧，与他人建立联系。

我们如何将自己和自己的想法与和自己相似或不同的人联系起来？

聆听深层含义，寻找共同点。

准备

为了与干扰共舞，我们如何武装自己？

拥抱神秘：寻找未知中隐藏的礼物。

怎样才能接纳未知？

放下立即得到回答的需要。

选择可能性：呼唤“可能是什么”。

我们想要更多的是什么？

寻找有指导意义的积极意象。

追随生命能量：相信方向的深层来源。

当我们不知道答案的时候，什么会指导我们？

利用当下感知到的能量。

主持

如何管理发生在我们身边的事情？

聚焦意图：明确我们的使命。

什么样的意图会激励我们采取行动？

调频。感受有什么正在我们自己当中、他人和我们所处的环境当中萌动。

表达欢迎：营造一个宾至如归的场域。

我们如何为获得尽量好的结果培养条件？

在身体、社交、智力、情感和精神方面都要创造一种欢迎的场域。

邀请多样性。

我们如何能包容情境的真实复杂性？

去接触那些已经身处局中的人：有权威的人、有资源的人、有专长的人、有信息的人和有需求的人。

躬身入局

我们如何与涌现共舞？

欣赏式探询：针对可能性，大胆提问。

我们如何激励人们展开探索，引发积极行动？

提出一些专注于积极意图的问题，并邀请其他人加入我们。

开放：接纳。

我们如何放下假设，腾出空间来接纳新的可能性？

愿意多待在问题里面，而不是待在答案里面。

反观：感知模式，做一面镜子。

现在发生了什么？

保持好奇心。提出问题，梳理出什么正在生成。为另一个人做见证。

命名：赋予意义。

我们如何唤起正在成熟的东西？

接纳可能来自任何地方的一次飞跃。

收获：分享故事。

意义被命名之后将如何传播？

讲出那些故事，以书写、绘画、歌唱、舞蹈等形式。把握那些印刷品、视频、线上传播方式和其他媒体的精神所在。既然通过多种形式的表达，我们会吸收到更多，那么媒体应用得越多，收效就越好。

- **迭代**

  再做一次：不断进化。

  是什么让我们继续前进?

  把新知融入已知，把已知融入新知。

在大环境中的涌现式变革

- 新生事物在偶然发生的非连续性飞跃过程中逐渐产生。

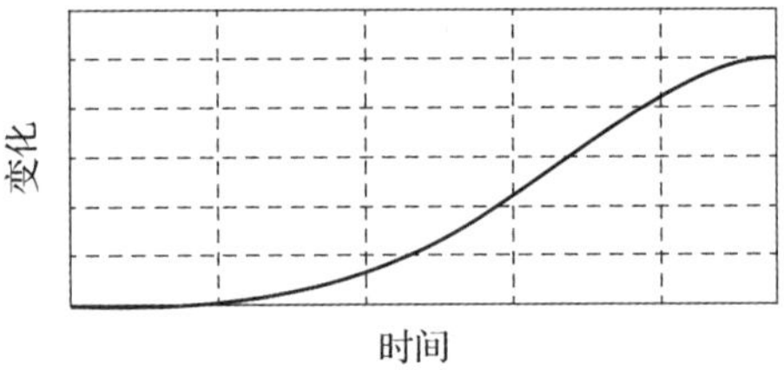

- 随着时间的推移，当我们把新生事物和已知的东西结合在一起，建立起新的操作原则（简单的规则）时，新生事物会逐渐内化到系统中。
  - 涌现式变革起步时很慢。
  - 涌现式变革的演化是非线性的。
  - 涌现式变革在漫长的时间长河中呈现螺旋式运动，会回到同一个地方，但样子已迥然不同。
- 当新的操作原则（简单的规则）在新条件下运行顺畅，充分融入一个系统中时，可持续性便形成了。
- 管理共享意图，关照一个系统的社会结构，这些对有韧性的社会系统来说都是很重要的。有韧性的社会系统具备如下特点：

- 有一个描绘理想未来的指导性意象。
- 相互支持。
- 有支持互动、透明沟通的基础设施。
- 有主持重要对话的能力。
- 当破坏性事件发生时，有能力与涌现共舞。

宏观镜的前景

- 当我们体验到自己是一个更宏大系统的一部分时，转折点就出现了。
- 忽视或伤害社会有机体或生态系统的某一部分，就像砍掉自己的一只手臂。
- 当我们知道大家都是联结在一起的，就会使用各自不同的技巧和能力来完成谁都无法独自完成的事情。
- 宏观镜有望通过技术的创造性应用来让我们的工作实现规模化。

让人们参与涌现式变革的窍门

- 提出一些可能性导向的问题。
- 与舒适区之外的人互动。
- 寻找更微妙的视角，帮助我们在大环境中看到自我。
- 讲述那些剧变转为机遇的故事。

涌现式变革流程方法概览

别走康庄大道，自己披荆斩棘，为后人开路。

——《我的祈祷小手册》（*My Little Book of Prayer*），

美国作家莫瑞尔·史多德（Muriel Strode）

涌现式变革的各种流程使一个系统中不同的人参与到各种既聚焦又开放的互动活动中，从而在视角和行为方面引发意外而持久的转变。

这些流程都源自三个传统领域：社会心理学、精神分析理论和系统理论。[①] 也许把这几个不同领域的线索统一在一起的实验最早发生于 1960 年，方法是让人们参与其所在系统的变革。社会科学家

① Barbara Benedict Bunker and Billie T. Alban, *Large Group Interventions: Engaging the Whole System for Rapid Change*（San Francisco: Jossey-Bass, 1997）.

弗雷德·埃莫里（Fred Emery）和埃里克·特里斯特（Eric Trist）主持了一个会议，支持一项艰难的并购，后来这个活动被称为“探索性会议”（Search Conference）。新成立的公司叫布里斯托尔·希德莱（Bristol Siddeley，一家英国飞机引擎公司）。会议结束时，11 位公司高管已经“重新定义了公司的业务”[①]。

另一个影响深远的事件发生在 20 世纪 80 年代初。当时在福特汽车公司（Ford Motor Company），顾问凯瑟琳·丹内米勒（Kathleen Dannemiller）、查克·泰森（Chuck Tyson）、艾伦·达文波特（Alan Davenport）和布鲁斯·吉布（Bruce Gibb）组织了一个 130 人的管理团队，随后又组织了九个规模相当的管理团队。当时人们普遍认为，解决复杂挑战的最佳团队规模是八人，没有几个人同时与 20 多人合作过。福特在企业管理方面寻求突破，以媲美其在质量管理方面取得的突破。丹内米勒和她的伙伴们让很多大的团队参与进来，他们相信整个系统在同一个房间里是一个至关重要的原则。

通过这些五天为一期的活动，每个管理团队“开始了解彼此，了解竞争、了解市场……成为一个有凝聚力且充满活力的、有统一目标且步调一致的整体”。他们制定了所有人都承诺支持的战略计划。按照福特汽车公司执行董事长南希·巴达尔（Nancy Badore）的说法，为了支持自己的目标，他们重组了公司架构，调整了工作方法。[②]

---

① Marvin Ross Weisbord et al., *Discovering Common Ground: How Future Search Conferences Bring People Together to Achieve Breakthrough Innovation, Empowerment, Shared Vision and Collaborative Action*（San Francisco: Berrett-Koehler Publishers, 1992）.

② Dannemiller Tyson Associates, *Whole-Scale Change Toolkit*（San Francisco: Berrett-Koehler Publishers, 2000）.

和其他实验相比，这些实验的独特之处在于：①涉及整个系统；②让这个系统中的人一起寻找自己的答案。两位组织发展顾问注意到一些有趣的事情正在发生。针对这个特殊现象，芭芭拉·邦克（Barbara Bunker）和比莉·阿尔班（Billie Alban）编辑了一份《应用行为科学杂志》（*Journal of Applied Behavioral Science*）的1992年特刊。这份特刊讲述了使用这些新兴方法的故事，将这些方法称为"大型团体干预"[①]。那份特刊的出版促进了这个领域的发展，加速了这个实验及相关实验进程。

从那时起，成千上万的顾问和学者在世界各地的组织、社区和其他社会系统中使用了这些引导变革的流程，改善了许多企业，培育了许多社区，并影响了世界各地的医疗保健和教育等社会系统。

下面简要描述本书中引用的各种流程方法。这些流程和其他流程支持系统中各种各样的人实现对其而言重要的事情，有关这些流程的更多信息，请参阅《变革手册》（第2版）。

欣赏式探询

欣赏式探询（Appreciative Inquiry，AI）的基础是提出可能性导向的问题，即聚焦于什么是有效的，什么有可能激发人们开展明智的协作行动。[②]

---

① Barbara Benedict Bunker and Billie T. Alban, eds. "Large Group Interventions"(special issue), *Journal of Applied Behavioral Science* 28, no. 4(1992).

② Diana Whitney and Amanda Trosten-Bloom, *The Power of Appreciative Inquiry: A Practical Guide to Positive Change*（《欣赏式探询的威力：正向改变的实践技能指导》）, San Francisco: Berrett-Koehler Publishers, 2003.

原则

- **建构主义原则。**我们根据以往的经验构建现实，因此我们的知识和系统的命运是交织在一起的。
- **同步原则。**探询和变化是同步发生的。
- **诗意原则。**系统的故事是由人们不断共创而成的，可以有无限的诠释。
- **预期原则。**我们的预期会决定我们的发现。
- **积极原则。**当一个关于现实的意象得到强化，人们的行动就开始符合积极的意象。

欣赏式探询过程的不同阶段

- **发现。**推动对各个利益相关人的探询，触及一个系统的积极核心。
- **梦想。**基于已经发现的潜能和对更高目标的提问，创造一个结果导向的愿景。例如，"世界在召唤我们成为什么样的人"。
- **设计。**为理想组织或社区创造可能性导向的设计主张。汲取和放大某个系统的积极核心，阐述一个设计，实现人们刚刚表达出来的梦想。
- **实现。**增强整个系统的正向能力，让系统能够树立希望、保持动力，持续发生积极的改变、拥有优秀的绩效。

欣赏式探询这个循环的中心是**选择积极乐观的主题**（Affirmative Topic Choice），这是任何欣赏式探询过程的起点和最具战略意义的方面。欣赏式探询的主题决定了学习、知识分享和行动的议程，会被写进**发现**阶段的访谈问题中，并作为**梦想**阶段的种子，成为**设计**

阶段创作主张的舞台，也是在**实现**阶段展开行动的范畴。

主持的艺术

主持的艺术（Art of Hosting）是一个全球性的实践者社区，整合使用各种变革流程、方法、地图和规划工具，吸引不同团体和团队为了实现共同利益展开有意义的对话、深思熟虑的合作和团体支持的行动。①

原则

高质量对话的发生有赖于以下条件的支持：

- 一个团体的人们都来到同一个地方，安顿下来，探讨一个共同的目标。
- 对话发生在一个欢迎大家参与并开展自组织的容器中。
- 人们表现出参与式领导力，而不是自上而下的领导力，这使团体的智慧更易于展现出来。
- 在一起工作的不同团体，随着时间的推移采取行动，并通过支持行动的反馈循环来收获学习。

当**“主持的艺术”**在越来越大的环境里应用这些生成对话的原则时，主持的艺术就变成了“参与式领导艺术”。“艺术”的工作不会采用预先确定的方法，而是从设计的角度来处理每一次对话，基于简单的原则为当时的情境提供最佳的设计。

---

① Art of Hosting, “A 4-fold way of hosting”, February 15, 2010, www.artofhosting.org/theart/a4-foldway/（accessed February 16, 2010）.

过程

主持的艺术是涌现式变革流程中的“爵士乐”。一些主持人组成一个团队，来召集人们（召集人们通常采用传统的领导力）一起工作，让问题和活动浮现出来，以支持他们要将人们聚在一起的意图。主持人团队识别当下什么是最有用的，以此设计对话活动的流程。通常在一次互动发生的前一天晚上或当天早上选择一些特定的流程。当主持人团队为参与者创造体验时，他们会邀请参与者加入主持活动中。结果是，除了解决预期的问题，参与者还了解到主持的技巧，学习如何驾驭当下的对话，同时关注长期意图。

智慧圈流程

智慧圈流程引发深刻的表达和聆听，似乎来自形式本身，即一圈椅子和一个明确定义的目的，以激发集体智慧和行动。[1]

原则和方法

同侪精神的智慧圈流程（Peer Spirit Circling）提出了三个原则：

- 轮流领导。
- 分担责任。
- 依靠团体的合力。

也提出了三个方法：

- 有感而发。

---

① Christina Baldwin and Ann Linnea, *The Circle Way: A Leader in Every Chair*（San Francisco: Berrett-Koehler Publishers, 2010）.

- 专注聆听。
- 关注团体的福祉。

过程

首先，**设置圆圈空间**（setting the circle space），包括建立一个代表共享目的或意图的视觉中心。一个**“签到”**（check-in）环节，即每个人都简短说出自己的想法，对他人不评论，不打断。当人们放慢速度，身心均在现场时，这个环节就将人们联结起来。通常，一个谈话棒握在手里，可以提示持有人回答问题，并提醒其他人带着好奇心聆听，能确保每个人都有机会发言而不被打断。

当第一次聚在一起时，智慧圈流程的参加者要讨论团体合约，并**对团体合约作出承诺**（commit to group agreements），通常是一些声明，承诺保密、相互尊重地开展互动并明确一些与责任相关的指标。

有人自愿充当**主持人**，在圆圈内引领话题的展开。还有人自愿担任团队时间和团队能量的**守护者**（guardian）。在这个框架内，圈子成员开始讨论会议的议题或目的，通常是**自由流畅的交谈**（a free-flowing conversation）。当话题具有挑战性时，圈子成员可能会选择恢复使用谈话棒，以放慢对话速度，并保持深度聆听的模式。智慧圈流程以一个**“签退”**（check-out）环节结束，即谈话棒传递一圈，大家反观活动中发生了什么，有什么学习收获。

动态引导

动态引导（Dynamic Facilitation，DF）帮助个人、团体和大型系统处理困难、混乱或看似不可能解决的问题，从而收获新的可能性、更大的信任和协作、现实的行动步骤、动机和令人兴奋的结果。[①②] 之所以能能达到这样的效果，是因为动态引导过程刺激一种被称为“创造选择”（choice-creating）的发自内心的创造性思维，人们借此寻求双赢的突破。

原则

- 当面对复杂或“不可能”的问题时，创造力是关键。
- 多样化的视角对实现创造性的突破至关重要。
- 无论如何表达，每个人都有自己独特的视角，都希望为更大的整体作出贡献。
- 深入聆听，有助于自我反省和对意义的表达。
- 当人们能真诚地说话并被听见时，我们就能发现人与人之间的联结。
- 如果不受评判的影响，创造力和真实性就会蓬勃发展。
- 当一个安全的环境中存在不同观点时，我们会自发地创造共享意义，以及创新的、有效的、对所有人都适用的解决方案。

过程

一个动态引导过程的引导者，鼓励参与者自然而真诚地谈论他们高度关注的问题。没有很多行为指导和预设议程，也没有一步一

---

① Jim Rough and DeAnna Martin, “Dynamic Facilitation”, in Peggy Holman, Tom Devane and Steven Cady, *The Change Handbook*, 2nd ed.（《变革手册》第2版）.

② Rosa Zubizarreta “Practical Dialogue: Emergent Approaches for Effective Collaboration”, in *Creating a Culture of Collaboration*: *The Interational Assocation of Facilitators Handbook*, ed. Sandy Schuman（San Francisco: Jossey-Bass, 2006）.

步的程序，动态引导的结构很简单，会让每个人的贡献都受到欢迎，都被听见，即使一般人会认为某个说话的人是有破坏性的。引导师的工作是使用四个图表“汲取各方声音”，积极“保护”每个人的贡献：数据、解决方案、顾虑和问题陈述。引导师追随并支持参与者的能量，接纳各种情绪，甚至挫折或愤怒，同时引发人们表达希望和期待看到的各种结果。当引导师吸引每个参与者投入、反思意义并记录每个人的贡献时，改变就发生了。

一系列的动态引导会深化个体的改变，持续强化活动中涌现出来的新观点。

未来探索

如果遵循这些原则，未来探索（Future Search）有可能在一次会议中改变一个组织或社区的行动力。[①②] 由于“整个系统在同一个房间里”，人们会产生一个共享愿景，一个实施计划，而且行动的决心非常大——所有这一切就发生在不到三天的时间里。

原则

- 让对的人来到房间，即各方代表，包括那些身处局中的人：有权威的人、有资源的人、有专长的人、有信息的人和有需求的人。
- 创造条件，让参与者先体验整个“大象”，再针对“大象”的任

---

① Marvin Weisbord and Sandra Janoff, “Future Search: Common Ground Under Complex Conditions”, in Holman et al., *The Change Handbook*, 2nd ed.（《变革手册》第 2 版）.

② Weisbord and Janoff, *Future Search.*（《未来探索：将愿景、承诺和行动融入全系统的引导方法》）

何部分采取行动。

- 关注未来，寻求共同点，而不是重新制造问题和冲突。
- 帮助人们为自己的结论和行动计划承担责任。

过程

如下所示的大致时间框架中，人们会完成五项任务：

- 第一天下午

  任务 1——关注过去。

  任务 2——关注当下的外部趋势。

- 第二天上午

  任务 2 继续——利益相关者对外部趋势的反应。

  任务 2 继续——关注现在，对我们的行动作出承诺。

- 第二天下午

  任务 3——描绘未来首选场景。

  任务 4——发现共同点。

- 第三天早上

  任务 4 继续——确认共同点。

  任务 5——制订行动计划。

这个任务序列在世界各地不同文化环境中应用都取得了成功。人们完全凭自己的经验工作，不需要诊断、词汇表或任何特别的输入。人们跨越文化、阶层、教育、年龄、性别和种族的界限走到一起，创造了许多曾经被认为不可能的计划。自 1982 年以来，该方法经过不断测试，不断改进。

开放空间技术

开放空间技术（Open Space Technology）邀请人们通过为其所爱承担责任来开展自组织，解决复杂的重要问题。[1]

原则与法则

- 来的人就是对的人。
- 无论发生什么，都是该发生的。
- 不管何时开始都是最对的时间。
- 该结束时就结束了。

"双脚定律"（当注意到有残障人士时，应用"移动定律"）指出了开放空间贯彻的两个基本原则：激情和责任。激情吸引房间里所有人都投入其中，责任则确保人们完成工作。

活动聚焦于一个紧急的主题或问题。提问的艺术在于只说足够引起关注的内容，留下充分的开放空间让人们自由发挥想象力。

过程

所有参与者围坐一圈（如果这个团体的人数众多，可以坐成同心圆）。引导师介绍开放空间的原理和法则。参与者找出他们真正有激情探讨并准备亲自承担责任的任何问题。大家来到圆圈的中心，

---

① Harrison Owen, *Open Space Technology: A User's Guide*（《开放空间引导技术》）（San Francisco: Berrett-Koehler Publishers, 1997）.

把自己的问题写在一张纸上，向团体公布，并把写了问题的纸张贴在墙上。当所有的问题都提出来的时候，参与者们就会走到墙边，在他们关心的问题上签名，然后开始工作，这时团体开始自主管理，各个小组开会，生成小组的议题报告。每天活动结束时，所有与会者聚在一起，反思并结束会议。

情境思维

情境思维方法会生成种种关于未来的故事，帮助参加者获得更深入的理解，从而改进当下和未来的决策。[①] 情境思维的方法通常有五个阶段：定位、探索、综合、行动和监测。

第一阶段：定位

通过了解挑战和潜在的假设在未来可能会如何发挥作用，来澄清利害攸关的问题。

第二阶段：探索

确定可能对焦点问题产生意外影响的驱动力。考虑监管方面 的转变或更广泛的社会、技术、经济、环境和政治方面的发展。

第三阶段：综合

确定两到三个最重要且最不确定的驱动力，在两个坐标轴上描绘这些“关键的不确定性”。例如，医疗保健可能会跨越金融和监管环境的不确定性，还有技术发展的速度和分布的不确定性。设想一下这个矩阵所创造的四种情境：如果金融和监管环境有利于医疗保健领域发展自由市场，并且技术以快速而均匀的速度发展和传播，会发生

---

① Chris Ertel, Katherine Fulton and Diana Scearce, “Scenario Thinking”, in Holman et al., *The Change Handbook*, 2nd ed.（《变革手册》第 2 版）.

什么呢？这个世界可能拥有高度自动化的高效基础设施，利用许多选择和一个薄弱的安全网来管理和运作医疗保健行业。考虑一下这个可能存在的情境是否会产生一些关于未来的可信且有用的故事。

第四阶段：行动

利用这些情境来引发和鼓舞人们的行动。一个好的情境设置不需要准确地描绘未来，而是支持人们学习、适应并采取有效行动。

第五阶段：监测

跟踪一些领先的指标，这些指标是涌现式变革的迹象。是否某种特定情境开始展开，导致某些隐性因素变得更加重要，一些不确定的事情演变为确定的事情？

世界咖啡

世界咖啡（The World Café）会促进战略性对话，方法是创建一个充满活力的网络，相互联结的小组进行会谈，聚焦于共同关注的“重要问题”，以此促进人们发挥集体智慧，下定决心采取行动。

原则

当人们把这些原则作为一个统一的整体进行应用时，就创造了一些条件，使世界咖啡对话的“魔力”逐渐展现出来：

- 设置情境。
- 创造好客空间。
- 探索重要的问题。
- 鼓励每个人作出贡献。
- 交叉授粉，联结不同的观点。

- 一起聆听，发现模式、洞见和更深层的问题。
- 收获并分享集体的发现。

过程

四个人坐在一个咖啡馆风格的桌子旁，或者坐在一个谈话小群体里面，探讨一个与他们的生活、工作或社区而言很重要的问题或议题。其他人坐在附近的桌子旁或谈话群体里，同一时间探讨类似的问题。当人们谈话时，主持人鼓励参与者把关键的想法写在大的卡片上，或者在纸质的桌布上画草图。在这些亲密的小团体中完成最初 20~30 分钟的“一轮对话”之后，参与者就会应邀换桌子，同时把之前对话中谈到的关键想法和见解带到新组成的小组中。每桌都有一位“主人”，与新来的人分享之前对话中出现的关键意象、见解和问题。这个过程会重复几轮（通常是三轮），然后是分享对话的收获，对此，所有参与者都有所贡献。

术语表

混沌（Chaos）——无序、混乱，不同主体之间的随机互动。

连贯性 / 凝聚（Coherence/Coalescing）——聚在一起，发生关系，和谐，统一，联结，社群，共感，完整。

仁慈之心（Compassion）——一种敞开心扉的能力，能够进入自己和别人的经历之中，并为之感动。

复杂性（Complexity）——功能的复杂性，特别是在一个系统的自组织运作过程中产生的多样化、互联、互赖和互动的程度。

创造力（Creativity）——开放式心流体验，给当下的存在带来新鲜感。

分化（Differentiation）——分开、分离、分歧、个性、差异性和独特性。

破坏（Disruption）——打破现状。

失调（Dissonance）——缺乏共识或不够和谐；冲突。

干扰（Disturbance）——情绪上令人不安的侵犯或打扰。

多元化（Diversity）——多样性、差异性；你在接触一个系统时需要考虑的一系列因素，如种族、阶层、性别、代际、地理情况和功能水平。

涌现（Emergence）——从混沌中浮现出来的更高层次的复杂性，一个系统的不同实体之间发生相互作用，产生了一些新颖而连贯的结构。

涌现式变革的流程（Emergent change processes）——有各种方法，可以让系统中不同的人参与到既聚焦又开放的互动当中，从而在视角和行为方面引发意外而持久的转变。

投入（Engagement）—— 一个人全身心地参与：身体、心灵和头脑全都参与。

反馈（Feedback）——各种反应和回应，为一个系统提供其中发生的各种互动的信息。

意图（Intention）——目的和宗旨；隐含着一种受到更深层的智慧源头引导而产生的使命感。

互动（Interaction）——相互作用或者相互影响。

直觉（Intuition）——本能而无意识地知道或感知，没有运用演绎和推理，没有应用各种理性思考的过程。

迭代（Iteration）—— 一个重复的过程，过程当中，上一个循环的输出变成下一个循环的输入。

生命能量（Life energy）——具有吸引和激活作用的活力和心流体验，一种让所有生命有机体生机勃勃的无形品质。

宏观镜（Macroscope）—— 一种感知无限复杂的工具；各种信息、想法、经历、地图、故事、艺术和媒体，帮助我们在大环境中看到自己。

先锋（Pioneer）——做先行者，走在前面，准备一条路或开辟一条路；是冒险进入未知领域或无主领地的人，是开拓思想、研究或发展新领域的人。

实践方法（Practice）——通过不断地学习和实验磨炼出来的一种技巧。发展技艺和艺术的训练。

原则（Principle）——对深入理解或进一步行动有指导作用的根本性理解或假设。各种原则会帮助我们在混沌中找到秩序。

反观（Reflection）——反思、沉思、考虑、寻找意义；（像镜子一样）积极反映他人的意思——用词、心情、意图。

更新（Renewal）——焕新，来自过去的元素和其他初始元素一起形成某种具有更高层次复杂性的新生事物。

强涌现（Strong emergence）——不同个体之间发生互动而产生的更高层次的复杂性，这种复杂性，即使从原则上，也无法从个体的属性中推导而出。

可持续性（Sustainability）——系统维持自身的状态并与不断变化的现实保持一致的能力；适应力；系统具备的一种能力，从干扰中恢复并保持其基本特性，满足其需要的时候，也会关注后代满足其需要的能力。

系统（System）——不同主体之间发生互动，作为一个连贯的整体，持续不断进行演化。

弱涌现（Weak emergence）——不同个体之间互动而产生的更高层次的复杂性，可以合理预测其基本属性，但无法预测细节（例如，我们知道他会是一个婴儿，但不知道他眼睛的颜色、身高和体重等）。

智慧（Wisdom）——源于整体并服务于整体的知识或认知；比理性思维层面更深的知识和认知；经验造就的直觉。

CONSCIOUS 觉醒商业 BUSINESS

领导力和组织的进化

LEADERSHIP AND EVOLUTION OF ORGANIZATION

更高的使命 | 利益相关者共赢 | 觉醒领导 | 觉醒文化

卓越的组织发端于觉醒领导者，是商业文明进化的觉醒组织。

觉醒商业最重要的理念基于“利益相关者共赢”。利益相关者包括客户、员工、供应商、股东、社区和环境。

觉醒商业的核心问题在于激发人性善的一面，从而为组织及其生态相关者创造利益与价值。能使员工达到最佳状态的组织将拥有最佳团队和最佳绩效。

觉醒商业是商业文明的未来，创办企业是出于更高的使命和意义，立命于利益相关者共赢，能让企业得道多助、基业长青。商业也可以与文学、艺术共同推动人类进步。

觉醒商业是新兴且可以持久的商业模式，是商业理念不断演进的结果。其终极使命是让世界变得更美好，展现出人性的熠熠光辉。

湛庐文化推出的“觉醒商业”系列丛书试图呈现一个完整的思想体系和知识体系，涵盖一系列理念、架构指导原则和最佳实践方案。

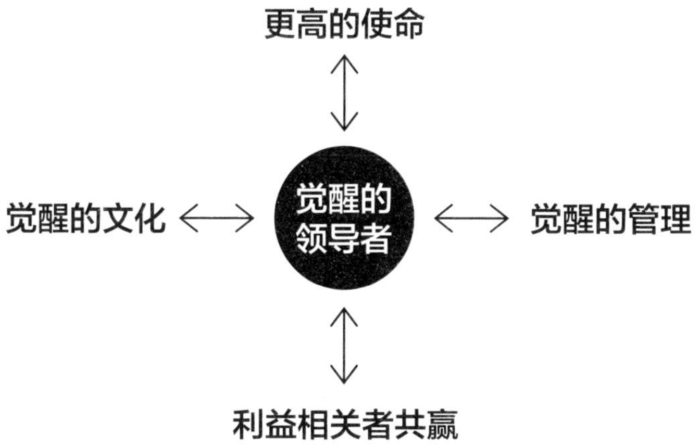

尊重员工个体和群体智慧，并赋予人们互相关怀和信任的力量。真实记录百年制造企业“以人为本”的长青之路

《共情：觉醒商业的管理》
ISBN：978-7-5043-8755-4
定价：79.00元

从股东利益至上的单赢，回归至利益相关者共赢的实践之路

《共赢：觉醒商业的实践》
ISBN：978-7-5043-8840-7
定价：89.00元

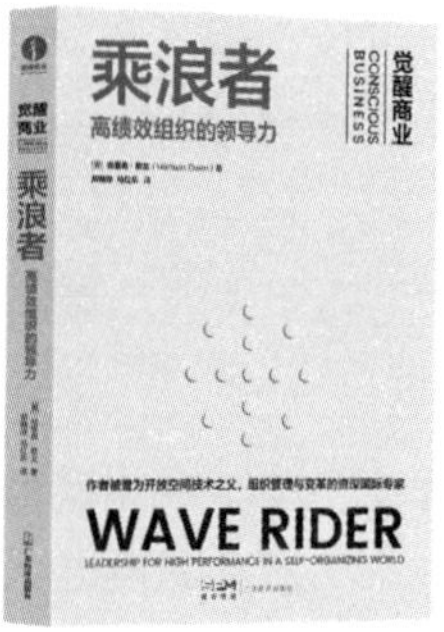

“复杂、多元参与、没有答案”的问题，尽在开放空间，由此找到通往答案之路

《乘浪者：高绩效组织的领导力》
ISBN：978-7-5454-8258-4
定价：69.00元

引导“未来组织变革”和“职场文化升级”的关键著作

《水平领导力》
ISBN：978-7-5454-8259-1
定价：69.00元

面对未知，涌现式变革就是乱中生序，将动荡转化为产生创新的机遇

《涌现式变革：与复杂系统共舞》
ISBN：978-7-5043-8922-0
定价：79.00元

开放空间技术之父，组织管理与变革的资深专家哈里森·欧文40年来对各类组织的思考和工作经验总结与提炼

《精神原力：组织觉醒之路》
ISBN：暂无
定价：暂无

扫 | 码 | 购 | 买